처음 만나는 철학자

처음 만나는 철학자

발행일 | 2020년 8월 31일

지은이 | 김이수
펴낸이 | 장재열

펴낸곳 | 단한권의책
출판등록 | 제251-2012-47호 2012년 9월 14일
주소 | 서울시 은평구 서오릉로 20길 10-6
전화 | 010-2543-5342
팩스 | 070-4850-8021
이메일 | jjy5342@naver.com
블로그 | http://blog.naver.com/only1books

ISBN | 978-89-98697-85-3 03100
값 | 15,000원

- 교양인이 되기 위한 철학 입문서 -

처음 만나는 철학자

김이수 지음

단한권의책

서문

인류 역사상 가장 훌륭한 철학자들과 마찬가지로 우리 또한 우리 자신의 눈으로 세상을 바라봅니다. 세상은 '나'와 '나를 둘러싼 모든 것'으로 구분할 수 있습니다. 이를 단순화하면 나(내 눈)와 세상(나를 둘러싼 모든 것)으로 표현할 수 있습니다. 즉 보고 생각하는 나와, 이것을 제외한 모든 것입니다. 여기서 한 가지 기억해야 할 것은 나 또한 세상 안에 있다는 점입니다. 그러니 나의 눈과 생각 또한 세상의 일부분인 셈입니다. 이런 생각은 이 책을 관통하는 핵심 논리이기도 합니다.

내가 세상에 대해 더 많이 알수록 내 눈은 더 멀리, 더 분명하게 세상을 볼 수 있게 됩니다. 이 책에서 만나는 철학자들의 도움으로 이 책을 읽는 독자들이 더 멀리, 더 분명하게 나 자신과 이 세상을 통찰하는 지혜를 갖게 되길 희망합니다.

2020년 7월 김이현 아빠

목차

part 1 　동 양 사 상

part 2 서 양 사 상

• part 1 •

동양사상

1 孔子

공자,
내 눈으로 세상을 보자

세상을 보는 공부

지금까지 지구상에 살아왔던 인간은 대략 1,050억 명이다. 그 수많은 사람들 중에 단 한 명의 철학자를 꼽으라면 단연 공자이다. 우리에게 공자가 익숙하기도 하지만, 무엇보다도 공자는 후세 인류에게 자신의 눈으로 세상을 보고, 세상의 눈으로 자신을 돌아보라고 가장 먼저 강조했기 때문이다.

공자는 기원전 551년 중국에서 태어났다. 단순하면서도 심오한 공자의 철학은 제자들이 그의 말을 기록해놓은 『논어』의 첫 세 문장에서 찾아볼 수 있다. 제자들의 생각에도 그 말이 가장 중요했기 때문에 책의 첫머리에 기록했을 것이다.

子曰 學而時習之 不亦說乎 (자왈 학이시습지 불역열호)
배우고 때로 익히면 또한 기쁘지 아니한가.

有朋 自遠方來 不亦樂乎, (유붕 자원방래 불역락호)
벗이 먼 곳에서 찾아오면 또한 즐겁지 아니한가.

人不知而不慍 不亦君子乎. (인부지이불온 불역군자호)
남이 나를 알아주지 않아도 노여워하지 않음이 또한 군자가
아니겠는가.

- 『논어』 「학이(學而)편」 중에서

　나와 세상을 연결하는 나의 눈은 단순히 본다는 시각적 기능
외에 세상의 정보를 받아들이는 한편, 눈빛과 시선을 통해 세상
에 나를 드러낸다. 그런데 시각적인 기능 외의 것을 생각해보면
내 눈이 과연 내 것인지 의심스러울 때가 많다. 주위 사람들의 시
선과 세상의 바람이 나를 움직이게 만들 때가 있기 때문이다. 그
래서 내가 하는 행동이 진정 나 자신을 위한 것인지 고민스러운
경우가 많다. 공자는 이러한 고민을 해결하기 위해 끊임없는 공
부를 강조했다.

　학위나 자격증을 위한 공부, 학교 수업도 공부라고 할 수 있지
만, 공자가 말한 공부는 자신의 눈으로 세상을 보는 '학(學)'과, 자
신이 제대로 보고 있는지 세상의 눈으로 돌아보고 확인하는 '습
(習)'의 과정이었다. 그런데 지금 내가 제대로 보고, 확인하고 있는

지 고민될 때가 종종 있다. 바로 그때 나와 같은 고민을 하는 친구가 멀리서 찾아오면 얼마나 반가우랴. 밤새 서로의 고민을 털어놓으며 내 눈이 과연 내 것인지, 내가 과연 세상의 눈으로 제대로 보고 있는지 확인한다. 멀리서 찾아온 친구는 서로에게 세상의 눈이 되어주기 때문이다.

밤새 친구와 고민을 터놓으며 내 눈이 과연 내 것인지, 내가 과연 세상의 눈으로 제대로 보고 있는지 서로 확인했다 해도 그것으로 완전한 것이 아니다. 결국 공자는 위대한 옛 성현(聖賢)이 남긴 글을 이 세상과 자신을 보는 기준으로 받아들였다. 그것이 말로 전달되고 글로 기록되어 오랫동안 검증되고 받아들여진 세상의 지혜이기 때문이다. 그렇기에 나를 알아주지 않는 다른 사람의 시선은 그저 그들이 세상을 보는 또 다른 방법이므로 굳이 화낼 이유가 없다. 그런데 공자가 이렇게까지 말한 이유는 공자 또한 평범한 우리처럼 남의 시선을 많이 의식했기 때문일 수 있다. (너무나 인간적이지 않은가.) 내가 세상을 바라보기도 하지만, 세상의 무수히 많은 눈 또한 나를 보고 있는 곳이 바로 이 세상이다. 이런 세상에서 우리는 어떻게 살아가야 할까? 이에 대한 공자의 답은 바로 '인(仁)'이었다.

충(忠)의 눈으로 서(恕)의 세상을 살자

제자 안연이 인에 대하여 묻자 공자가 말했다.

> 克己復禮爲仁. 一日克己復禮, 天下歸仁焉. 爲仁由己, 而由人乎哉?
>
> (극기복례위인. 일일극기복례, 천하귀인언. 위인유기, 이유인호재)
>
> 자기를 극복하여 예로 돌아감이 인이니 하루라도 자기를 이겨서 예로 돌아가면 천하가 인으로 돌아갈 것이다. 인을 이루는 것은 나로부터 비롯되는 것이니 어찌 남으로부터 비롯될 것인가?

안연이 다시 자세히 가르쳐주십시오 하니 공자가 말했다.

> 非禮勿視, 非禮勿聽, 非禮勿言, 非禮勿動.
>
> (비례물시, 비례물청, 비례물언, 비례물동)
>
> 예가 아니면 보지를 말고, 예가 아니면 듣지도 말며, 예가 아니면 말도 하지 말고, 예가 아니면 행하지 말라.
>
> — 『논어』 「안연편」 중에서

인(仁)에 대해 공자는 여러 가지 설명을 했다. 그 대표적인 것이 바로 위의 문장인데, 극기복례(克己復禮)가 곧 인이라는 뜻이다. 자신을 극복해서 예로 돌아간다? 공자의 인은 한마디로 사람다운 사람을 말한 것이다. 그런데 사람이 사람답기 위해서는 우선 자기를 극복해야 한다. 여기서 '자기'를 뜻하는 '기'는 '몸 기(己)' 자로, 자신의 몸을 말한다. 극기복례는 인간이 갖고 있는 동물적인 본능을 이겨내고 예(禮)의 형식에 따라 사회적 관계를 맺을 때 가장 사람다운 사람이 될 수 있다는 뜻이다. 사람이 혼자서 산다면 예식이나 절차 등을 갖추며 다른 사람과 관계를 맺을 필요가 없다. 사람이 두 명 이상 모이면, 즉 사회를 구성하게 되면 자기 자신이 갖고 있는 동물적인 본능을 이겨내야 한다. 극기복례를 해석하면 자신의 눈으로만 세상을 볼 것이 아니라, 세상의 눈으로도 자신을 봐야 한다는 뜻이다. 비슷한 의미로 서양의 아리스토텔레스는 '인간은 사회적 동물'이라고 말했다.

그런데 '인(仁)'이라는 글자를 보면 사람 '인(人)' 자 옆에 두 '이(二)' 자가 있다. 이것을 두 사람 간의 관계라고 흔히 알고 있다. 하지만 인(仁)에는 그 이상의 의미가 담겨 있다. 동양 사상에서 일(一)은 만물의 시작인 '물[水]'을 나타낸다. 이(二)는 '불[火]', 삼은 '목(木)', 사는 '금(金)', 오는 '토(土)'를 나타낸다. 다시 육은 '물', 칠은 '불', 팔은 '목', 구는 '금', 십은 '토'를 나타낸다. 서양 철학의 시작인 탈레스가 '만물은 물로 이루어졌다'고 주장한 것처럼 직관적인 관찰에 의한 주장이다.

그리스 로마 신화에는 프로메테우스가 불을 훔쳐다 주면서 인간이 지혜로워졌다는 이야기가 나온다. 불은 어둠을 밝히므로 무지한 인간을 인간답게 만드는 지혜의 상징이 되었다. 실제 인류의 진화 과정에서 인간은 불을 이용해 맹수들을 쫓아냈을 뿐만 아니라, 불에 익힌 연한 고기를 먹음으로써 다른 유인원과 달리 턱 근육이 줄어들고 뇌가 비약적으로 발전했다.

'인(人)' 자 옆에 불을 뜻하는 두 '이(二)' 자가 들어간 '인(仁)'이라는 글자는 불을 사용하는 인간을 나타낸다. 인간은 불을 사용하면서 다른 동물과 달리 진정한 문명을 시작했다. 동물과 다르게 문명을 이루고 사는 인간의 특징을 가장 잘 나타내주기에 공자는 인(仁)이라는 글자를 강조했다. 공자의 인(仁)을 이렇게 설명한 것을 지금까지 어디에서도 보지 못했겠지만 누가 보아도 부정하지는 못할 것이다.

공자가 인(仁)은 '극기복례'라고 말했을 때 이를 잘 이해하지 못한 제자가 좀 더 구체적으로 설명해 달라고 했다.

> 子貢問曰 (자공문왈)
> 자공이 공자에게 질문했다.
> 有一言而可以終身行之者乎? (유일언이가이종신행지자호)
> 선생님, 한마디 말로 평생 실천할 만한 것이 있습니까?

그러자 공자는 이렇게 대답했다.

> 其恕乎! 己所不欲, 勿施於人 (기서호! 기소불욕, 물시어인)
> 그것은 아마 서(恕)일 것이다. 자신이 바라지 않는 것을 남에게 행하지 마라.
>
> **- 『논어』 「위령공편」 중에서**

'서(恕)'라는 글자를 자세히 보면 같을 '여(如)' 자 밑에 마음 '심(心)' 자가 합쳐져 자신의 마음과 남의 마음을 똑같이 보라는 뜻이 담겨 있다. 내가 하기 싫어하는 일은 다른 사람도 마찬가지로 싫어할 것이고, 내가 하고 싶어 하는 일은 다른 사람도 하고 싶어 할 것이다. 그러니 다른 사람이 하고 싶어 하는 일은 양보하고, 다른 사람이 싫어하는 일은 내가 먼저 하라는 뜻이다. 사람마다 세상을 보는 나름의 눈을 갖고 있다. 그렇다면 누구나 분명한 눈을 가지고 있는 것일까? 그래서 공자가 서(恕)와 함께 강조한 것이 자기 기준을 뜻하는 '충(忠)'이다. 공자가 말한 '충'은 가운데 '중(中)' 자에 마음 '심(心)' 자가 결합된 글자로, 세상을 바라보는 자기 자신의 중심, 즉 기준이 되는 마음을 뜻한다. 물론 그 기준이 동물적 본능에서 비롯된 자기만의 것이라고 생각하면 곤란하다.

子曰 君子 和而不同 小人 同而不和.
(자왈 군자 화이부동 소인 동이불화)
군자는 남과 화합하되 같지 않으며 소인은 서로 같되 화합하지 않는다.

－「논어」「자로편」 중에서

군자는 '화이부동'하지만 소인은 '동이불화'한다. 자신만의 분명한 눈을 가진 바람직한 인간, 인간다운 인간 군자는 사람들과 잘 어울리지만 자기만의 분명한 기준이 있고, 세상의 눈에만 의지하는 소인은 서로 무리를 이루어 친하게 몰려다니지만 결국 동물처

럼 싸우기 일쑤이다. 군자는 '학이시습지'를 통해 세상에 대한 자기 기준이 있고, 모두가 각자의 기준이 있음을 잘 알고 있다. 하지만 보통 사람인 소인은 자신의 기준이 없거나 불확실하다. 그렇기 때문에 같이 어울리면서, 다른 사람도 자기가 생각하는 대로 생각할 것이라 착각하고 서로 싸우고 만다. 주변 상황을 파악한 후에 자기 자신을 명확하게 아는 것이 중요하기에 『논어』는 '학이시습지'라는 글로 시작된다. 그만큼 자기 자신과 주변에 대해 올바로 바라보는 공부가 중요함을 말하기 위해서이다.

『주역』의 의미를 설명하기 위해 공자가 직접 썼다고 알려진 『주역계사전』이라는 책 속에는 어떻게 공부해야 하는지 그 방법이 실려 있다. '근취제신(近取諸身) 원취제물(遠取諸物)'이 그것이다. '가까이로는 자기 자신에서 얻고, 멀리로는 모든 사물에서 얻는다'는 뜻이다. 이는 내 눈과 함께 세상의 눈을 강조한 표현이다. 이를 통해 모든 사람이 '학이시습지(學而時習之)'하여 충(忠)을 지니고, 서(恕)에 근거하여 행동한다면 세상은 진정 조화로운 문명사회, 즉 인(仁)의 세상이 되리라고 본 것이 공자의 사상이다.

40대에 행복을 찾고 70대에 자아실현을 하다

공자는 70세에 이르러 자신의 삶을 다음과 같이 정리했다. 이는 오늘날 우리에게도 적용되는 자아실현과 행복 추구의 과정이다. 시대가 아무리 바뀌어도 인간은 인간이다.

子曰 吾 (자왈 오)
공자가 말하길, 나는
十有五而志于學 (십유오이지우학)
열다섯에 학문에 뜻을 두었고,
三十而立 (삼십이립)
서른에 뜻이 확고하게 섰고,
四十而不惑 (사십이불혹)
마흔에는 마음에 혼란이 없고,
五十而知天命 (오십이지천명)
쉰에는 천명을 깨달았고,
六十而耳順 (육십이이순)
예순에는 어떤 말을 들어도 저절로 이해를 할 수 있었고,
七十而從心所欲 不踰矩 (칠십이종심소욕 불유구)
일흔에는 내 마음대로 행동해도 법도에 어긋나지 않았다.
– 「논어」 「위정편」 중에서

공자는 열다섯 살에 '공부를 열심히 해야겠다'는 뜻을 세웠다.

즉, 자기 자신과 자신을 둘러싼 이 세계에 대해 제대로 알아야겠다는 꿈을 품었다는 뜻이다. 공자는 이를 위해서 『시경』과 『서경』을 열심히 읽었다. 『시경』은 과거 여러 나라의 시(詩, 노래)를 모은 책으로 오늘날 국어, 음악 과목에 해당하며, 인간의 정서적이고 내적인 것을 다뤘다. 『서경』은 과거의 여러 기록물을 모은 것으로 오늘날 정치·경제·사회·역사 과목에 해당하며, 인간의 현실적이고 외부적인 것을 다뤘다. 공자는 열심히 공부하여 30세가 되었을 무렵 뜻을 확고하게 세웠다. 하지만 마흔 살이 되었을 때 비로소 불혹(不惑)의 경지에 이르렀다. '불혹'이라는 글자에는 의심, 의혹을 뜻할 때의 '혹(惑)' 자가 들어 있다. 불혹이란 '의혹이 없다' 즉, '모든 것을 다 알았다'는 뜻이 아니라, '아는 것이 무엇이고 모르는 것이 무엇인지 헷갈리는 단계를 지났다'는 뜻이다. '내가 아는 것은 이것이고 모르는 것은 저것이구나' 하고 분명히 구분했다는 뜻이다.

아마 그 무렵부터 공자는 삶의 행복을 찾았을 것이다. 행복이란 '내가 원하는 것(주관적 의지)'으로 '나의 능력(객관적 현실)'을 나눈 값이다. 그러므로 행복해지기 위해서는 능력을 키우든가, 원하는 것을 줄여야 한다. 아무리 돈이 많고 지위가 높아도 그 이상을 원하면 불행하다. 다리 위에서 흐르는 강물을 보며 자신을 알아주는 사람이 없음을 한탄하던 젊은 시절의 공자처럼 원하는 것보다 능력이 떨어지면 불행하다. 하지만 원하는 것과 능력을 정확히 파악할 수 있다면 불행 끝, 행복 시작이다.

마흔 살 무렵의 공자를 주제 파악하게 만든 것은 『시경』, 『서경』과 함께 사서삼경(四書三經)의 하나인 『역경』이었다. 이 책은 『주역』이라고도 한다. 『주역』은 오늘날에도 매우 난해한 책으로, 공자 이전 시대부터 내려오던 철학책이다. 철학은 다른 과목에 비해 어렵다. 철학이 어려운 이유는 단지 한 사건이나 사물을 다루는 것이 아니라, 인간이 바라보는 세상 전체를 세상의 눈으로 설명하기 때문이다. 그래서 구체적이기보다는 추상적이고, 실천적이기보다는 이론적이다.

어떤 이는 『주역』을 '점치는 책'이라 하고, 어떤 이는 '임금이 나라를 다스리는 방법을 담은 책'이라고 한다. 또 '세상의 이치를 담은 책'이라고도 한다. 마흔 살 무렵 공자는 이 책을 통해 그동안 자기가 알고 있던 것이 무엇이고 모르는 것이 무엇인지 분명히 알았기에 불혹의 경지에 이르렀다.

공자는 『역경』을 묶는 끈이 세 번이나 끊어질(韋編三絶, 위편삼절) 정도로 수없이 여러 번 공부했다. 그 결과 쉰 살 무렵에 드디어 지천명의 경지에 이르렀다. '지천명'이란 '하늘이 명령한 것을 안다'는 뜻이다. 세상이 자신에게 바라는 바를 파악한 공자는 이후 십수 년 동안 온갖 어려움 속에서 전국을 떠돌며 교육과 계몽활동을 했다.

공자는 50세 이후에도 '학이시습지'를 멈추지 않았고, 예순 살이 되었을 때는 이순(耳順), 즉 어떤 말을 들어도 그 이치를 깨달아 저절로 이해할 수 있게 되었다. 그런 다음에도 계속 '학이시습지'를 했다. 그 결과 일흔 살이 되었을 때 비로소 '종심소욕불유구'의 경지에 이르렀다. 이는 단지 어떤 말을 듣고 저절로 이해하는 것에 머무는 것이 아니라 자기가 알고 있는 내용, 마음먹은 생각을 아무런 고려 없이 행동으로 옮겨도 그것이 법도에 어긋나는 일이 없다는 뜻이다. 즉, 자신이 보는 세상과 세상이 보는 자신이 서로 다르지 않게 된 것이다. 이는 곧 삼라만상 우주의 이치와 일치하는 최고의 경지에 이르렀음을 뜻하는 것으로, 물아일체(物我一體)의 경지, 자아실현의 최고 단계에 이르렀음을 말한다. 드디어 공자가 군자에서 성인(聖人)으로 발전하고, 오늘날 평범한 우리에게도 인기 많은 철학자이자, 가장 인간다운 인간이 된 것이다.

공자 기원전 551~479년 ✱─────────────────────

공자는 오늘날 중국의 산둥성에서 하급 귀족 무사인 아버지 숙량흘 (叔梁紇)과 어머니 안(顔)씨 사이에서 태어났다. 이름은 구(丘), 자는 중니(仲尼)이다. 공자는 세 살 때 아버지를 여의고 열일곱 살 때 어머니마저 잃었으며 열아홉 살 때 송나라 여인과 혼인했다. 젊은 시절에는 계(季)씨 가문의 창고지기 일과 가축 사육 등 말단 관직부터 여러 일을 거쳤다. 서른다섯 살 때 노나라에서 내란이 일어나 소공이 제나라로 망명하자 공자도 제나라로 떠났다가 2년 뒤 귀국했다.

마흔여덟 살 때 계손씨의 가신 양호가 정권을 잡자 공자는 정치에서 물러나 본격적으로 제자를 가르치기 시작했다. 3년 뒤 양호가 망명하면서 공자는 중도(中都)를 다스리는 책임을 맡았고 다시 높은 벼슬을 지냈다. 기원전 500년 노나라와 제나라 임금이 회담할 때 공자가 의례를 맡아 노나라가 빼앗긴 땅을 돌려받자 명성이 드높아졌다. 그러나 공자는 계씨를 비롯한 삼환씨 세력을 타도하려다가 실패하고 제자들과 함께 고국을 떠났다. 공자는 여러 나라를 돌아다니다가 예순여덟 살 때 노나라로 돌아왔다. 이후 노나라의 악(樂)을 정비하고 제자를 가르치며 문헌을 정리하는 데 전념했다. 일흔세 살 되던 해에 세상을 떠나 노나라 도성 북쪽 사수 언덕에 묻혔다.

2 老子

노자,
최고의 선(善)은 물과 같다

물속으로 뛰어든 철학자

프랑스의 철학자이자 정신분석학자인 자크 라캉(Jacques Lacan, 1901~1981)에 따르면 '인간은 원하여짐을 원한다(I want to be wanted)'고 한다. 인간은 자신과 타인, 그리고 세상의 모든 시선 속에서 인정받기를 바란다. 이러한 인정 속에서 나 자신이 살아 있음을 확인하고 펄떡이는 물속의 물고기처럼 살아간다. 하지만 뜻대로 되는 경우는 드물다. 간혹 세상이 나를 하찮게 보기에 물 밖으로 던져진 물고기처럼 삶이 괴롭고 절망적일 때가 있다. 이때 절실하게 물을 갈구하는 물고기처럼 물속으로, 즉 세상 속으로 뛰어든 철학자가 있었으니 바로 노자(老子)였다.

사마천의 『사기』 「열전」에 의하면 노자는 주나라의 도서관 관리로 일하다가 주나라가 무너지고 춘추전국 시대가 오자 관직에서 물러났다. 책을 좋아했지만 세상의 번잡스러움은 싫어했던 것 같다. 노자가 전쟁을 피해 서쪽으로 떠났을 때 변방의 문지기가 그에게 가르침을 청했다. 그러자 노자는 그에게 5,000여 자의 글을 써주고 홀연히 사라졌다. 그때 써준 것이 바로 『도덕경』이다. 『도덕경』에는 노자가 자기 자신에 대해 '아(我)'라고 말한 부분이 나온다.

> 衆人皆有以而我獨頑且鄙 (중인개유이이아독완차비)
> 세상 사람들은 다 유능하고 쓸모가 있으나 나만 홀로 둔하고 촌티가 나는구나
> 我獨異於人而貴食母 (아독이어인이귀식모)
> 그러나 나만이 홀로 세상 사람들과는 달리 생명의 근원을 귀하게 여기노라.
>
> — 노자 『도덕경』 20장 중에서

'완차비'에서 '완(頑)'은 완고할, 무딜, 둔할 '완' 자이다. 이 글을 어떻게 이해해야 할까? 과연 글에 쓰여 있는 대로 '이 사람은 쓸모없고 생각이 둔한 촌사람이구나' 하고 생각해야 할까?

노자는 생명의 근원을 귀하게 여겼다고 했는데 『도덕경』에서는 생명의 근원을 '식모(食母)'라고 표현했다. 먹을 '식(食)'에 어미 '모(母)', 즉 '음식의 어머니'라는 뜻이다. 음식의 어머니가 무슨 뜻일까? 우리가 먹는 모든 것은 다 생명을 지니고 있다. 인간이 먹는

것 중에서 생명이 없는 것은 없다. 모든 생명체는 그것을 낳은 어머니가 있게 마련이다. 그러므로 식모는 생명의 근원을 뜻한다.

노자는 다른 사람들이 단지 먹고 마시고, 즐겁게 생활할 때 그 음식이 어디서 왔는지, 그 근원이 무엇인지에 대해 남다른 궁금증을 가졌다. 그리고 그에 대한 해답을 우리에게 주고 있다. 노자가 홀로 고독하고 어수룩해 보였던 이유는 근원적인 것을 추구하고, 가장 확실한 답을 얻는 일에 온 정신을 쏟았기 때문이다.

노자의 생각을 담은 『도덕경』은 편의상 1~37장까지 실린 상편과 38~81장까지 실린 하편으로 나뉜다. 상편을 「도(道)편」, 하편을 「덕(德)편」이라고 한다. 총 81장 5,000여 자에 이르는 『도덕경』의 내용은 제1장 59자에 함축적으로 담겨 있다. 이 장은 그래서 『도덕경』의 서론이자 가장 핵심적인 본론이다. 그중에서도 가장 중요한 것은 바로 첫 번째 구절이다.

道可道非常道 名可名非常名 無名天地之始 有名萬物之母.
(도가도비상도 명가명비상명 무명천지지시 유명만물지모)

– 노자 「도덕경」 제1장 중에서

이 구절을 해석하면 '도를 도라고 말하면 그것은 늘 그러한 도가 아니다. 이름을 지으면 그것은 늘 그러한 이름이 아니다'라는 뜻이다. 혹은 '도가 말해질 수 있으면 진정한 도가 아니고, 이름이 개념화될 수 있으면 진정한 이름이 아니다'라고 해석하기도 한다. 첫 구절에 대한 해석이 이렇게 애매모호하니 많은 사람들이

도는 신비스럽고, 어렵고, 알쏭달쏭한 것이라고 생각한다. 하지만 노자가 전달하고자 했던 의미가 무엇인지 분명히 파악한다면 그리 어렵지만은 않다. 의미를 살펴보면 '도는 도(이름을 붙인 인간의 입장)라고 할 수 있지만, 그 도(인간이 이름 붙이기 이전의 세계)는 아니다'라는 뜻이다. 인간의 입장에서 각기 다르게 보일 수 있지만 실재는 하나이다. 그러므로 '하나의 실재'이기에 도는 도라고 할 수 있다.

20세기 언어학의 아버지인 소쉬르(Ferdinand de Saussure, 1857~1913)는 기호를 '기표(記標)'와 '기의(記意)'로 구분했다. 이름과 이름이 지칭하는 대상은 별개라는 뜻이다. 노자의 '명가명비상명(名可名非常名)' 또한 마찬가지 의미를 지닌다. 우리가 어떤 사물에 이름을 붙이는 것은 단지 그것을 구분지어 편리하게 이해하기 위한 것이지, 그 이름이 곧 사물 자체는 아니다. '무명천지지시(無名天地之始)'라는 말에서 알 수 있듯 이름 붙이지 못하는 것, 우리를 포함하여 우리를 둘러싸고 있으며, 우리가 알지 못하는 모든 것이 곧 이 세상의 전부이다. 아무 이름도 없는 '무명'이 그 자체로 세상의 전부라고 할 수 있다. 그 자체로 세상의 전부이기에 이를 '자연(自然)', 즉 '스스로 그러하다'고 할 수 있다. 여기서 '자연'은 우리가 알고, 만지고, 보고, 느낄 수 있는 자연을 포함하여 알지 못하는 모든 것을 뜻한다. 이러한 무명에 이름을 붙인다. 그래서 '유명만물지모(有名萬物之母)', 곧 '이름이 붙여지면서 사물이 생겨나게 되었다'.

어머니는 자식을 낳은 사람이다. 어머니에게는 어머니가 있고,

또 그 어머니에게도 어머니가 있다. 이렇듯 '모(母)'라는 것은 이유의 이유, 근거의 근거, 끊임없이 거슬러 올라가는 모든 것의 근원이다. 이러한 근거와 이유는 이름을 붙였기에, 즉 개념을 만들었기에 구분된 것이다. 이를 '실체(實體)'라고 한다. 하지만 이 세상은 인간이 생기기 전에 이미 생겨나 있었다. 인간이 이름을 붙이기 이전에 하나의 '실재(實在)'가 있었다. 이름을 붙이기 전에 이미 있는 하나의 '실재'를 가리키기 위해 노자는 '무명'과 '자연', '도'라는 말을 같은 의미로 사용했다.

인간은 자연의 일부이자 자연 그 자체

노자는 무명과 자연, 혹은 도라는 말을 통해 하나의 실재인 세계를 설명하고자 했다. 이러한 노자의 세계관에서는 '인간이란 무엇인가?'라는 질문에 어떻게 답을 할까? 노자의 인간관에 해당하는 부분이 『도덕경』 25장에 실려 있다.

> 人法地, 地法天, 天法道, 道法自然
> (인법지 지법천 천법도 도법자연)
> 사람의 법은 땅이고, 땅의 법은 하늘이며, 하늘의 법은 도이고, 도의 법은 자연이다.
>
> — 노자 『도덕경』 25장 중에서

여기서 중요한 것은 흔히 '본받는다'는 뜻으로 해석되는 '법(法)'이다. 하지만 '법'이라는 한자는 물 '수(水)'에 갈 '거(去)' 자가 합쳐진 말이다. 물은 누가 뭐라 해도 높은 곳에서 낮은 곳으로 흘러가기에 자연의 특성을 가장 잘 드러낸다. 그런데 위의 글을 단지 인간의 관점에서 '사람은 땅의 법도를 본받고 땅은 하늘의 법도를 본받으며, 하늘은 도의 법도를 본받고, 도는 자연의 법도를 본받는다'고 해석하면 종속관계로 이해될 수밖에 없다. 그러나 우주적 관점에서 본다면 사람과 땅, 하늘, 도, 자연은 모두 하나의 '실재'이기에 인간은 종속관계가 아니라 자연의 일부분이자 자연 그 자체라고 노자는 말했다.

노자가 말하고자 한 내용을 우리가 상식적인 차원에서 이해하기는 쉽지 않다. 하지만 조금만 시야를 달리 하면 그렇게 이해할 수 없는 것만은 아니다. 우리는 일상적으로 세상을 볼 때 자기 자신을 중심으로 본다. 자기 눈에 보이는 것(실체)이 전부이고 자기가 이해하는 것이 전부라고 생각한다. 하지만 분명한 것은 이 세상은 나와 상관없이 어쨌든 존재한다는 사실이다. 노자가 말한 도가 어려운 이유는 노자가 바라본 관점이 인간을 중심으로 하지 않고, 우주 전체를 중심으로 하기 때문이다. 우주 전체를 중심으로 볼 때 노자가 말한 도는 곧 자연이다. '스스로 그렇게 되었다'는 자연의 의미를 이해할 때에만 우리는 노자의 도를 깨달을 수 있다. 이 우주가 스스로 그렇게 되었다는 것은 나의 의지와 상관없이 만들어졌다는 말이다. 그렇다고 해서 인간이 아무런 의미도 없는 하찮은 존재인 것은 아니다. 인간은 이 모든 것을 언젠가는 제대로 보고 이해할 수 있는 존재이기 때문이다. 즉, 이 우주가 어떻게 만들어졌고, 인간이 왜 이렇게 살 수밖에 없는가 하는 이유를 밝혀낼 수 있다는 말이다. 노자가 밝혀낸 내용은 바로 인간 또한 자연의 일부분으로서 자연 그 자체라는 사실이었다. 자연의 일부이며 자연의 본성을 그대로 이어받은 인간. 그렇다면 자연은 어떤 본성을 갖고 있을까?

天地不仁 以萬物爲芻狗 聖人不仁 以百姓爲芻狗
(천지불인 이만물위추구 성인불인 이백성위추구)
하늘과 땅은 어질지 않아서 이 세상 만물을 하찮은 존재로 보는구나. 성인은 어질지 않아서 이 세상 백성을 하찮은 존재로 보는구나.

- 노자 「도덕경」 5장 중에서

'하나의 실재인 세계'를 시간적으로 표현하면 자연(自然), 공간적으로 표현하면 천지(天地), 시공간적으로 표현하면 우주(宇宙)가 된다. 우주는 고왕금래(古往今來)를 뜻하는 시간적 의미의 '우(宇)'와 천지사방(天地四方)을 뜻하는 공간적 의미의 '주(宙)'가 합쳐진 개념이다. 그런데 자연은, 우리가 사는 우주는 어질지 못하다. 어질지 못하다는 것은 다정다감하지 않다는 뜻이다. 그렇다고 자연이 사납게 군다는 말이 아니라 천지 즉, 자연에는 아무런 감정(感情)이 담겨 있지 않다는 뜻이다. 인간만이 갖는 감정이 없기 때문에 어질지도, 모질지도 않은 것이다. 그래서 자연은 이 세상 만물을

추구(芻狗)로 본다. '추구'란 고대 시대에 풀로 엮어 만든 강아지를 말한다. 제사에 요긴하게 쓰이다가 제사가 끝나면 아무것도 아닌 양 내팽개쳐지는 하찮은 물건이었다. 그러므로 자연은 인간을 포함한 세상 만물에 대해 아무런 나쁜 감정이나 좋은 감정을 갖고 있지 않다.

예를 들어 태풍은 어떤 의도를 가지고 사람들에게 피해를 주는 것일까? 태풍 피해를 입은 사람들은 태풍을 원망한다. 하지만 태풍으로 인해 이득을 보는 사람도 있다. 바닷물이 크게 출렁거리며 순환 작용을 일으켜 영양분이 풍부해지면 어부들은 물고기를 많이 잡을 수 있다. 태풍은 이런 모든 것을 의도했을까? 자연은 사람의 의지와는 무관하게 나름의 자연 법칙에 의해 움직일 따름이다.

그러면 성인(聖人)이란 무엇일까? 인간으로서 가장 완성된 사람, 즉 자아실현을 이루고 많은 사람에게 영향을 준 공자와 노자 같은 사람을 성인이라고 한다. 성인은 어질지 않다고 한다. 왜냐하면 성인이 되기 위해서는 한 사람 한 사람에게 잘하는 것이 아니라 모든 사람에게 다 잘해야 하는데, 모든 사람을 만족시키는 것은 성인도 할 수 없는 일이기 때문이다. 그리고 성인은 자연 그 자체이기 때문이다. 그래서 성인은 백성을 대할 때 어떤 감정도 갖지 않고 그저 바라볼 뿐이다. 그리고 자신의 일을 묵묵히 할 뿐이다. 어떤 의도나 개인적 욕심 없이 그저 자기 길을 갈 뿐이라는 것이다.

노자가 말한 덕(德), 무위(無爲)

노자가 말한 '도'는 있는 그대로 하나인 실재 세계이다. 그러면 노자가 말하고자 한 덕은 무엇일까? 도(道)와 덕(德)의 관계는 천(天)과 지(地), 자(自)와 연(然)의 관계와 같다. '천'은 모든 것을 포괄하는 이론이고 원리이며, '지'는 그것이 설명하는 현실이다. '자'는 스스로 움직이는 것이고 '연'은 그것을 따르는 것이다. 마찬가지로 '도'가 이 세상 전체의 모습이라면 '덕'은 그것을 따르는 이 세상 각각의 모습이다. 그렇다면 노자의 도가 자연이라고 했을 때 거기에 따르는 인간의 덕은 무엇일까? 자연에 따라 사는 것이다. '자연처럼 바라보고 사는 것'이다. 어떻게 사는 것이 자연처럼 사는 것일까? 노자는 '무위(無爲)'라고 말했다.

'무위'란 아무것도 하지 않는다는 뜻이 아니다. 다만 자연을 따르지 않은 채 인간 개인의 욕심에 따라 행동하지 않는다는 뜻이다. 자연의, 혹은 우주 전체의 관점이 아니라 인간이 저마다 자신만을 생각하는 욕심을 가지고 살아가는 것은 자연, 즉 도를 따르는 덕의 모습이 아니라고 노자는 말했다. 예를 들어 거짓 '위(僞)'라는 글자는 할 '위(爲)' 옆에 사람 '인(人)' 변이 들어간 글자이다. 사람의 욕심에 의해 하는 행동은 모두 다 거짓될 수 있다는 말이다. 사람의 행동은 다 거짓이라는 말이 아니라, 개인에 근거해서 하는 행동은 자연의 입장에서 볼 때 잘못될 수 있다는 뜻이다.

노자가 말한 '무위자연'에서 '무위'란 곧 덕을 의미하고, '자연'이란 도를 의미하기에 노자의 핵심 사상인 무위자연을 한마디로 말하면 '덕도'가 된다. 이것은 『도덕경』을 다른 식으로 표현한 말이다. 그러면 무위의 특징은 무엇일까?

爲學日益 爲道日損 損之又損 以至於無爲 無爲而無不爲 取天下 常以無事 及其有事 不足以取天下
(위학일익 위도일손 손지우손 이지어무위 무위이무불위 취천하 상이무사 취기유사 부족이취천하)

학문을 하면 나날이 할 일이 늘어가고, 도를 체득하면 나날이 할 일이 줄어든다. 줄이고 또 줄여서 하는 일이 없는 경지에 이른다. 하는 일이 없다는 것은 아무것도 안 한다는 것이 아니다. 천하를 차지하는 것은 언제나 하는 일이 없어야 한다. 하는 일이 있다면 천하를 차지하기에 부족하다.

- 노자 『도덕경』 48장 중에서

'학문을 하면 나날이 할 일이 늘어가고, 도를 체득하면 나날이 할 일이 줄어든다'는 말이 무슨 뜻일까? 여기서 '학'과 '도'는 반대 개념이다. '학'은 지식을 뜻한다. 많은 정보를 끌어 모아 다양한 사실을 알게 되는 것이다. 다양한 사실을 알면 알수록 궁금한 것은 더욱 많아진다. 이 세상에는 우리가 읽지 못한 책이 얼마나 많고, 알지 못하는 사실은 또 얼마나 많은가. 그러므로 지식을 얻으려고 학문을 하면 날마다 할 일이 늘어간다. 학문과 대비하여 '도'는 지혜라고 할 수 있다. 지혜를 깨닫게 되면 수고로움이 덜어진다. 이러한 지혜를 공자는 '일관지도(一貫之道)'라고 말했다. 노자는 무위자연 사상을 물에 비유하여 설명했다.

上善若水 水善利萬物而不爭 處衆人之所惡 故幾於道
(상선약수 수선이만물이부쟁 처중인지소오 고기어도)
최상의 선은 물과 같다. 만물에게 이로움을 주면서도 다투지
않으며, 만인이 싫어하는 낮은 곳에 있다. 그러므로 물은 도
를 나타낸다고 할 수 있다.

- 노자 「도덕경」 8장 중에서

여기서 '최상의 선'이라는 말을 '최고로 착한 것'이라고 해석하면
위 문장이 이해가 안 될 것이다. '선'에는 과연 어떤 뜻이 있을까?
우리는 흔히 '선'을 '진선미(眞善美)'라는 말에서 볼 수 있는데 진선
미에는 한 가지 공통점이 있다. 모두 '완전하고 완벽하다'는 뜻을
지니고 있다는 점이다. 가장 완전하고 완벽한 이치, 법칙을 진리
(眞理)라고 한다. '진'은 '참되다'라고 풀이한다. 그럼 '참되다'는 것은
무슨 뜻일까? '참되다'는 말은 '차다'는 말의 명사형인 '참'으로, 꽉
차 있음을 뜻한다. 예를 들어 항아리에 물이 꽉 차 있으면 더 이상
물을 부을 수 없다. 그러므로 꽉 차 있는 항아리는 그 자체로 완
전하다. 어떤 이론이 있을 때 그 이론이 항아리에 반쯤 담긴 물처
럼 보충, 변형이 가능하다면 그것은 참된 이론이 아니다. 즉 어떤
모습에 더 채워서 고쳐 넣어야 할 것이 있다면 그 모습은 완전한
모습, 참된 모습이 아니다. 그러므로 진리, 즉 참된 이치란 더 이상
추가해 넣을 내용이나 뺄 것이 없는 완전하고 완벽한 것이다.

이렇게 완전하고 완벽한 의미를 모습으로 나타낸 것이 바로 '미(美)'이다. '미'를 아름답다고 하는 것은 '알+음+답다'에서 연유한다. '알'이란 추가하거나 뺄 내용이 없는 완전하고 완벽한 모습이다. 알을 깨고 나오는 완전한 개체를 상상해보라. 민요 「아리랑」은 바로 '알+이랑', 즉 '알과 함께'라는 뜻으로 우리 민족은 무엇보다 '알'을 중요시했다. '아라리'는 '알알이'라는 뜻이다. '알'은 또한 '알다', '알맞다', '옳다'라는 말의 어원이다.

한 가지 덧붙여 설명해보자면, 반도(半島)는 대륙문화와 해양문화가 만나는 지점이다. 천손강림의 내용을 담은 고조선의 단군신화가 북방 유목문화에서 유래한 것이라면, 남방 해양문화는 고구려, 백제, 신라, 발해, 가야 등의 알 신화 속에 남아 있다. 그리고 '아리랑 쓰리랑', '알+이랑, 쌀+이랑' 노래 속에 그 정신이 오늘날까지 이어지고 있다. '아리랑'의 의미에 대한 해석은 의견이 분분한데 이와 견줄 만한 것은 아직 없다.

선(善)의 의미를 살펴보자. '착할 선'이라고 할 때 '착하다'의 의미는 '차갈', '차가다', 즉 '완전해지다'라는 뜻이다. 그러므로 참된 이치가 인간의 행위로 드러날 때, 즉 가장 완벽하고 완전한 인간의 행위를 선하다고 한다. 서양에서는 선의 반대말로 '악(惡)'이라는 말이 있지만 동양에서 선의 반대말은 악이 아니라 '불선(不善)'이다. 또한 동양에서 '완전함'의 반대말은 '부족함'이지 또 다른 무엇이 아니다. 세상을 두 개의 대립되는 개념으로 바라본 서양과 달리 동양에서는 세상을 실재하는 하나로 보았기 때문이다.

노자가 하나의 실재를 비유해서 표현한 것이 바로 물이다. 그래서 최고의 선은 물과 같다고 했다. 물은 모든 사람이 꼭 필요로 하는 것이다. 물이 없으면 생명체는 살아갈 수 없다. 하지만 물은 자기가 잘났다고 서로 싸우지 않는다. 그저 위에서 아래로 흐르다가 서로 만나게 되면 만나고, 가로막는 것이 있으면 돌아가고, 돌아가기 힘들면 거기서 머물고, 뚫리면 또 흘러내려간다. 흘러내려가다가 싫어하는 것, 더러운 것이 있다고 하여 벗어나지 않고 묵묵히 자신의 길을 갈 뿐이다. 마치 역사의 거대한 흐름을 이루는 민중처럼. 그렇다고 약한 것은 결코 아니다. 산을 뚫고 바위를 부수는 힘이 있다. 촛불이 모여 거대한 화염이 되는 이치이다.

釋迦牟尼

3

부처,

고통에서 벗어나는 세상

부처가 깨달은 것

'부처'란 '깨달은 자'라는 뜻이다. 사람들이 깨달은 자로 꼽는 인물이 석가모니 부처인데 그의 본명은 고타마 싯다르타였다. 성은 '고타마', 이름은 '싯다르타'였는데 후에 깨달음을 얻어서 '붓다' 즉, '부처'라고 불리게 되었다. 석가모니라는 말에도 뜻이 있다. '석가'는 오늘날의 북인도에 살았던 '샤키아'라는 부족을 일컬었다. '모니'는 성스러운 사람이라는 뜻의 '무니'라는 말에서 왔다. 그러므로 석가모니는 '석가족 출신의 성자(聖者)'라는 뜻이다. 부처는 태어난 지 며칠이 지나 '싯다르타'라는 이름을 얻었다. 이는 '소원을 모두 이루는 사람', 즉 '자기 삶의 목적을 달성하는 자'라는 뜻이다. 실제로 부처는 이름처럼 소원을 모두 이루었다. 무슨 소원이었을까? 또한 부처는 삶의 목적을 달성한 자라고 했는데, 무슨 목적을 가졌을까?

깨달음을 얻기 전 싯다르타는 16세에 결혼을 하고 아들을 낳았다. 그의 아내는 아쇼다라, 아들은 라훌라였다. 한 가지 재미있는 것은 아들의 이름이다. '라훌라'는 우리말로 '장애', '속박'이라는 뜻을 지니고 있다. 싯다르타는 왜 사랑하는 아들에게 '속박'이라는 이름을 지어주었을까? 아마 가족에 대한 사랑보다 더 중요한 무엇인가를 얻는 과정에서 자신의 핏줄인 아들이 속박이 될 것이라고 생각했던 모양이다. 부모를 두고 가출하는 것보다 자식을 두고 가출하는 것이 훨씬 더 힘든 일임을 알았던 것이다.

부처가 깨달은 것은 인간이란 무엇이고 인간과 인간을 둘러싼 세계는 어떤 모습인가 하는 것이었다. 그 내용을 세 가지로 정리하면 제행무상(諸行無常), 제법무아(諸法無我), 일체개고(一切皆苦)이다. '일체개고'는 인간이란 무엇인가, '제행무상'은 이 세계는 어떤 모습인가, '제법무아'는 인간과 세계는 어떤 관계를 맺고 있는가에 대해 말하고 있다.

'제행무상'이란 모든 것은 항상 변하고 있음을 뜻한다. 즉 변하지 않으면서 끊임없이 지속되는 확실한 것은 없다는 말이다. 이는 고대 그리스의 철학자 헤라클레이토스의 "똑같은 강물에 두 번 발을 담글 수 없다"는 말과 같은 뜻이다. 처음 발을 담갔던 강물은 이미 흘러갔기 때문이다. 우리가 변함없을 것이라고 생각하는 이 우주 안의 모든 것은 다 변한다. 이 지구조차 영원하지 않다. 지구는 약 45억 년 전에 태어났고, 앞으로 10억 년 뒤에는 사라질 것이다. 이 우주 또한 대략 137억 년 전에 탄생해 앞으로 800억 년 뒤에는 사라질 것이라고 과학자들은 말한다. 이 세계는 지금의 모습이 영원히 유지되는 것이 아니라 어느 순간 변화한다. '상(常)'은 '늘', '항상'이라는 뜻이다. 항상 유지되는 것은 없다[無]는 것이 바로 제행무상이다.

이 세계와 우주의 모습이 제행무상이라면 인간이 살고 있는 모습은 일체개고이다. 삶의 모든 것이 고통과 번뇌로, 인생 자체가 고통과 번뇌, 갈등의 연속이라는 말이다. 번뇌는 마음이 시달려서 괴로운 것을 말한다. 인간이 고통을 겪는 이유는 하나의 생명체로서 이 세상에 살고 있기 때문이다. 먹지 않고 살 수 있는 사람은 없다. 먹지 않으면 배가 고프고 고통에 빠지게 된다. 잠을 자지 않고 살 수도 없다. 너무 춥거나 더워도 힘들다. 이처럼 인간은 생명체이기에 끊임없이 주변 환경의 영향을 받는다. 하지만 이런 고통이나 영향을 단지 힘든 것이라고 생각하면 안 된다. 왜냐하면 외부환경으로부터 주어지는 고통에 대항해서 살아나가는 것이 바로 생명체의 고유한 특징이기 때문이다.

일체개고의 특징을 지닌 인간과 제행무상의 특징을 지닌 이 세계는 '제법무아'라는 관계를 맺는다. '제법무아'란 이 세상의 모든 법칙[法]에서 나[我]는 그리 중요하지 않다는 뜻이다. 인간이 아무리 능력이 뛰어나다 해도 이 세상을 벗어나서는 살 수 없다. 마찬가지로 모든 것이 항상 변하는 제행무상의 세상 속에서 인간 또한 변할 수밖에 없다. 그러므로 인간과 세계가 맺는 관계에서 무엇보다 중요한 것은 내가 아니라 이 세상이다. 왜냐하면 지구와 태양이 없다면 나 또한 있을 수 없기 때문이다. 나아가 지구와 태양, 이 세상은 생각에 따라 달라질 수 있다. 내 입장에서 보면 내가 없으면 이 세상 또한 없다. 그래서 산은 산이고, 물은 물이지만 산은 산이 아니고 물 또한 물이 아니라는 화두(話頭)가 만들어진다.

제행무상, 일체개고, 제법무아라는 부처의 깨달음을 불교에서는 '삼법인(三法印)'이라고 한다. 삼법인이란 세 가지 중요한 도장을 말한다. 도장과 마찬가지로 가장 중요하고 확실한 마침표가 되는 내용인 것이다. 하지만 이 세 가지를 깨닫기란 쉽지 않다. 그래서 부처는 이 깨달음을 설명하기 위해 다양한 방법을 사용했다.

연기와 자비, 사성제와 팔정도

부처는 자신이 깨달은 삼법인 사상을 쉽게 설명하고자 연기사상(緣起思想)과 자비사상(慈悲思想)을, 깨달음에 이르는 과정을 설명하고자 사성제(四聖諦)와 팔정도(八正道)를 들었다. 연기사상에서 '연기(緣起)'란 '연속해서 일어난다'는 뜻이다. 세상 모든 것은 서로 인과관계로 맺어져 있다. 이것은 우리를 둘러싼 세계의 본래 모습이다. 연기사상은 삼법인 사상 중에 제행무상에 근거하고 있다.

자 상상해보라. 부처가 보리수나무 아래에서 깊은 생각에 잠겨 있다. 낙엽이 지고 앙상한 가지만 남았다가 봄이 되면 새싹이 돋아난다. 또 여름이 되어 나뭇잎이 무성해졌다가 가을이 되면 다

시 진다. 이처럼 잠깐 보았을 때는 무성하던 푸른 잎이 어느새 색깔이 변하고 사라진 후에 또다시 생겨난다. 이렇게 변화하는 현상을 보면서 부처는 깊이 생각했다. 나뭇잎이 변하는 것과 마찬가지로 나무 또한 씨앗에서 어린 나무가 되었다가 커다란 나무가 되고, 또 고목이 되어 사라진다. 나무가 그렇듯 해가 뜨고 진다. 사람도 유년 시절과 청년 시절, 장년 시절과 노년 시절을 거쳐 죽음에 이른다. 만약 사람 또한 나뭇잎과 같다면 다시 태어날 것이라고 생각할 수 있다. 부모가 있어서 우리가 세상에 태어났듯 이 세상 모든 것은 그보다 앞선 원인이 있기 때문에 만들어졌다는 것을 부처는 깨달은 것이다. 이런 깨달음을 통해 이 세상 모든 것은 서로 밀접하게 연관되어 있다는 것을 알았다. 그리고 모든 것은 서로 의존하고 있으며, 내가 소중하다면 남도 소중할 것이라고 생각하게 되었다. 왜냐하면 지금은 모습을 달리 하고 있지만 내 주변 사람이 과거에 만났던 사람일 수 있고, 또 먼 훗날 언젠가 만날 수 있기 때문이다.

이러한 연기사상을 바탕으로 부처는 자비(慈悲)를 말했다. 모든 것은 서로 인과관계로 맺어져 있고 서로 의존하고 있기 때문에, 내가 소중하듯 남도 소중하다는 자비심을 갖게 되는 것이다. '자비'란 '타인과 기쁨을 같이 한다'는 뜻의 '자(慈)'와, '슬픔을 같이 한다'는 뜻의 '비(悲)'가 결합된 말이다. 자비는 무조건적이고 절대적인 사랑을 뜻한다. 생명체로서의 인간은 죽고 난 후 그대로 사라지는 것이 아니라 새싹이 돋듯 다시 세상에 태어날 수 있다. 하지만 똑같은 자리라 해도 올해 싹튼 잎이 내년에 싹틀 잎, 그리고 작년에 싹텄던 잎과 같지 않다. 어떤 것은 건강하고 어떤 것은 병든 잎이 될 수 있다. 마찬가지로 인간이라고 하여 모두 똑같은 인간으로 태어나는 것은 아니다. 고귀한 사람으로도, 천한 사람으로도 태어날 수 있다. 나아가 동물로 태어날 수도 있다. 부처는 이런 깨달음을 통해서 모든 인간이, 나아가 모든 생명체가 평등하다는 사실을 알게 되었다. 이러한 연기사상과 자비사상은 제행무상과 제법무아에 근거를 두고 있다.

사성제와 팔정도는 무엇일까? 바로 모든 사람이 자신의 상태, 즉 인생 자체가 고통과 번뇌라는 일체개고의 사상을 깨닫고 고통으로부터 벗어날 수 있는 방법이다. 사성제(四聖諦)는 '네 가지 거룩한 진리'라는 뜻으로 '고(苦)', '집(集)', '멸(滅)', '도(道)' 네 가지이다. 이는 부처가 처음으로 제자들에게 가르친 내용이다. 의사가 병을 치료할 때 병이 무엇인지, 그 원인이 무엇인지, 병이 없는 건강한 상태는 어떤지를 알아야 그에 맞는 치료법을 찾을 수 있다. 마찬가지로 고통이 무엇인지, 그 원인과 치료법이 무엇인지 안다면 우리는 건강한 상태인 도의 단계에 이를 수 있다.

사성제의 첫 번째는 '고성제(苦聖諦)'이다. 앞서 삼법인의 하나인 일체개고에서 설명했듯이 우리 인생은 고통[苦] 속에 있다. 이러한 고통의 종류를 부처는 여덟 가지로 나누어 설명했다. 우선 생로병사의 고통이다. 인간은 태어날 때부터 고통 속에서 태어난다. 엄마의 따뜻한 배 속에서 지내다가 이 세상에 태어나는 것 자체가 편안함을 잃고 고통스러운 일이다. 또한 나이가 들면서 고통스러워진다. 젊을 때와 다르게 잘 걷지도, 뛰지도 못한다면 얼마나 고통스러운가? 병드는 것 또한 고통스럽다. 병들어 누워 있으면 건강이 얼마나 중요한지 깨닫게 된다. 죽는 것도 마찬가지로 고통스럽다. 죽음이란 사랑하던 사람과 이별하는 일이니 참으로 고통스러운 일이다.

생로병사의 네 가지 고통 외에 사랑하는 사람과 이별하는 괴로움인 '애별리고(愛別離苦)'가 있다. 반대로 미워하는 사람과 만나야 하는 괴로움인 '원증회고(怨憎會苦)', 원하는 일이 이루어지지 않는 괴로움인 '구불득고(求不得苦)', 감각에 집착하는 괴로움인 '오온성고(五蘊盛苦)'도 있다. '오온(五蘊)'은 우리 몸이 느끼는 다섯 가지 감각을 말한다. 눈, 귀, 코, 혀, 그리고 몸의 감각이 오온이다. 이처럼 괴로움은 여덟 가지로 정리할 수 있다. 이 모든 괴로움은 인간이 생명체로 살아가는 과정에서 어쩔 수 없이 겪게 되는 것이다.

깨달음에 이르는 네 가지 과정에서 두 번째는 '집성제(集聖諦)'이다. 앞서 우리는 고성제를 통해 생명체로서 인간의 삶은 고통이라는 것을 알게 되었다. 고통을 극복하기 위해서는 우선 고통이 왜 생기는지 알아야 한다. 그러기 위해서는 자신이 겪는 모든 고통을 하나로 모아야 한다. 그래서 모은다는 뜻의 '집(集)' 자를 써서 '집성제'라고 부른다. 독자 여러분도 괴로운 일이 있으면 노트에 한번 쭉 적어보라. 그러면 그 고통이 왜 생겼고, 그것을 극복하기 위해서는 어떻게 해야 하는지 알게 될 것이다. 쭉 써 놓고 보면 의외로 별것 아닐 때가 많다. 청소할 때도 마찬가지로 처음에는 여기저기 짐이 흩어져 있어 무척 많아 보이지만 다 정리해 놓고 보면 그렇지 않을 때가 있다. 청소를 하는 것이나 머릿속을 정리하는 것이나 옳은 방법은 어느 경우에나 통하나 보다.

　우리가 겪는 고통은 앞서 고성제에서 이야기했듯 여덟 가지 원인에서 비롯된다. 하지만 집성제를 통해 모든 고통을 다 나열한 후, 한 가지 문제를 해결하면 분명 또 다른 문제가 생긴다. 결국 고통을 극복하기 위해서는 모든 고통의 근본적인 원인을 해결해야 한다는 결론에 이른다. 모든 고통의 근본적인 원인은 인간이 육체를 가졌기 때문이다. 이것을 깨닫는 단계가 바로 멸성제의 출발점이다.

　멸성제(滅聖諦)는 모든 고통의 근본적인 원인을 깨닫고 그것을 극복하는 과정을 말한다. 이러한 멸성제의 단계는 부처 또한 고도의 집중력을 발휘해서 얻은 것이다. 먹고 사는 것보다 더 중요한 것이 있음을 알게 되면 우리는 먹는 것을 위해, 단지 생명체로서의 삶을 유지하기 위해 인간다움을 버리지 않을 것이다. 물론 모든 인간이 공통적으로 지니는 생명체로서의 한계를 극복한 사람이라도 먹지 않고 사는 것은 아니다. 다만 먹는 것만을 위해 살지 않는다는 뜻으로, 먹는 것보다 더 중요한 '인간으로서의 자존심'을 갖게 된다는 뜻이다.

　'도성제(道聖諦)'는 멸성제 단계에서 모든 고통의 근본적인 원인을 깨닫고 그것을 극복한 다음에 도달하는 단계이다. 한편으로는 앞서 말한 멸성제에 이르는 방법을 말한다. 그래서 길 '도(道)'자를 쓴다. 도성제는 인간이 살면서 겪게 되는 많은 고통을 알고, 그것을 모두 모아 없애버리는 방법이다. 그러므로 도성제는 깨달음을 얻기 위한 구체적인 실천 방법이라고 할 수 있다. 그 방법이 바로 '팔정도(八正道)'이다. 스스로 깨달음을 얻기 위한 구체적인 실천 방법인 팔정도에는 정견(正見), 정사유(正思惟), 정어(正語), 정업(正業), 정명(正命), 정정진(正精進) 정념(正念), 정정(正定) 여덟 가지가 있다.

우선 '정견(正見)'이란 '바로 본다'는 뜻이다. 자신의 고통이 무엇인지, 지금 스스로 어떻게 살고 있는지 삶의 모습을 있는 그대로 본다는 말이다. 자신이 지금 행복한지 고통스러운지, 무엇을 원하는지 현실을 있는 그대로 관찰하는 것이 팔정도의 출발점이다.

두 번째 '정사유(正思惟)'는 '현실을 있는 그대로 본 후 바르게 생각한다'는 뜻이다. 현실을 자기 생각대로 부정하고 자신이 상상한 것을 현실이라고 해서는 안 된다. 정견을 통해 본 현실을 있는 그대로 생각 속으로 옮겨야 한다.

세 번째는 '정어(正語)'이다. 정어는 '올바른 말'이다. 우리는 다른 사람과 대화하지만 자기 자신과도 대화를 한다. 이때 스스로를 속이지 않고 있는 그대로를 인정하고 표현해야 자신의 문제를 풀 수 있다.

네 번째는 '정업(正業)'이다. 정견과 정사유, 정어를 통해 자신의 문제점을 있는 그대로 파악한 사람은 행동이 달라진다. 자신의 행위로 인해 괴로움을 겪었다면 그 사람은 행위를 고치려고 노력할 것이다. 그것이 바로 정업의 단계이다.

다섯 번째는 '정명(正命)'이다. 정업이 올바른 행동이라면 그 행동을 통해 얻은 판단 기준이 정명이다.

인간의 판단 기준은 머릿속에서 미리 만들어지는 것이 아니라,

외부와의 관계를 통해 완성된다. 하지만 이렇게 올바른 가치 판단 기준을 지닌다 해도 그것이 항상 올바를 수는 없다. 그러므로 인간은 끊임없이 자신의 판단 기준이 올바르도록 외부와의 관계를 통해 노력해야 한다. 그것이 바로 여섯 번째인 '정정진(正精進)'이다.

일곱 번째는 '정념(正念)'이다. 자신의 가치 판단의 기준을 끊임없이 고쳐 나가기 위해서는 그것에 대한 생각을 항상 올바르게 하고 끊임없이 바르게 지니겠다는 의지를 지녀야 한다.

이러한 과정의 완성이 바로 '정정(正定)'이다. 이 완성은 한 번으로 끝나지 않고 지속되어야 하기에 바른 습관을 뜻하는 정정인 것이다.

부처가 주는 지혜, 해탈

부처의 생각은 '인간이란 무엇인가?, 세계란 무엇인가?, 인간과 세계의 관계는 무엇인가?'에 대해 말한 삼법인 사상을 출발점으로 삼고 있다. 그렇다면 그 끝은 무엇일까? 바로 해탈(解脫)이다. 해탈이란 자신을 이겨낸 최후의 강함을 말한다. 자기를 이기기 위해서는 자신과 주변 세계인 물질[色] 또한 알아야 한다.

물질[色]은 항상 변한다고 관찰하라. 이와 같이 느낌[受], 생각[想], 행위[行], 의식[識] 또한 항상 변한다고 관찰하라. 이렇게 관찰하면 그것은 바른 관찰이니라. 바르게 관찰하면 싫어하여 떠날 마음이 생기고, 싫어하여 떠날 마음이 생기면 즐겨하고 탐하는 마음이 없어지며, 즐겨 하고 탐하는 마음이 없어지면 마음의 해탈이라 하느니라. 항상 변한다고 관찰하는 것과 같이, 변하는 것은 괴로움이요, 공(空)이요, 진정한 '나'가 아니다.

- 『잡아함경(雜阿含經) 1』 「무상경(無常經)」 중에서

위의 글은 부처의 초기 경전 중 하나인 『잡아함경』에 나오는 것이다. 이 글은 이후 '색즉시공(色即是空) 공즉시색(空即是色)'이라는 말로 발전했다. 여기서 '색(色)'은 색깔을 뜻하는 것이 아니고 우리가 바라보는 주변의 모든 사물을 말한다. 그것은 모두 일정한 형태와 색을 지니고 있다. 주변의 모든 사물은 지금의 상태로 영원히 유지되지 않고 변한다. 그러므로 이러한 변화는 곧 빌 '공(空)', 즉 아무것도 아닌 것이 된다. 하지만 정말 아무것도 아닌 것은 아니다. 공(空)은 노자가 말한 도(道)와 통하며, 현대물리학의 양자역학에서 말하는 양자의 세계, 즉 바다로 비유되곤 하는 객관적 실재(實在)와 같다.

바다는 하나지만 파도와 소용돌이를 만들며 끊임없이 변화한다. 모든 것은 변화하고 나 또한 변한다. 하지만 이렇게 변하는 과정 속에서 변하지 않는 '나'가 있다. 이는 '변하는 것은 공(空)이요, 내가 아님'을 깨달은 후의 나이다. 진정한 나란 몸뚱이에 갇혀 있는 '육체의 나'가 아니라, 변화하는 이 세상의 실재 모습을 깨달은

'정신의 나'이다. 변화하는 이 세상의 실재 모습을 깨달은 '정신의 나'는 비로소 자신과 이 세상이 구분된 것이 아님을 알게 된다. 그래서 이 세상의 실재 모습을 깨달은 '정신의 나'는 마침내 변화하는 이 세상과 함께 변할 수 있게 된다. 이는 마치 파도가 거대한 바다와 함께 어울려 변화하는 것과 같다. 이때 어떤 파도는 잔잔하게 모래를 치지만, 어떤 파도는 단단한 바위를 두드린다. 그렇다고 하여 파도가 바다를 원망하지 않는다. 왜냐하면 파도는 거대한 바다의 일부분으로서 항상 바다와 함께 있음을 알기 때문이다. 마찬가지로 우리 인간도 어느 때는 만족스럽지만, 또 어느 때는 고통스럽다. 하지만 만족감이나 고통스러움이 모두 거대한 바다가 만들어내는 파도와 같음을 깨닫는다면, 분명 자기 자신과 세상, 다른 사람을 보는 눈도 달라질 것이다. 그리고 얼굴에는 항상 그윽한 미소가 떠오를 것이다.

부처가 깨달은 것은 단지 환경에 적응하는 것만이 아니라 인간의 정신력을 활용하여 인간과 세계에 대해 완성된 이해를 해야 한다는 점이었다. 그래서 부처는 숨을 거두는 순간에도 편안하게 낮잠을 자듯 미소를 띠었다고 한다. 부처의 몸은 죽어서 땅에 묻혔지만 그의 정신은 오늘날까지 이어져 우리와 끊임없이 대화하며 살아 있는 존재가 되었다. 이처럼 육체는 죽었지만 정신은 영원히 살아 있는 상태, 생명체로서 겪게 되는 무수히 많은 환경의 도전으로 인해 생겨나는 고통을 극복한 단계를 '해탈'이라고 한다. 그러한 해탈의 경지에서 편안함을 유지하는 것을 부처는 '열반'이라고 했다.

오늘날 우리는 자신에 대한 욕심이 강한 나머지 다른 사람을 신경 쓰지 않고 살아간다. 하지만 이렇게 채워지는 욕심에는 끝이 없기 때문에 진정한 행복을 얻을 수 없다. 진정한 행복이란 스스로 만족해하는 행복이다. 스스로 만족하기 위해서는 확고한 판단 기준이 필요하다. 그러므로 무엇보다 중요한 것은 인간과 세계에 대해 열심히 공부하여, 자기 자신과 자신을 둘러싼 세계를 잘 파악한 후에 확고한 판단 기준을 갖추는 것이다. 인류의 위대한 스승인 공자와 노자, 부처는 모두 자기 자신과 자신을 둘러싼 세계를 파악한 후에 확고한 판단 기준을 갖췄다. 그것을 '도(道)'라고 하는데 부처가 깨달은 도는 공(空)과 연기(緣起)이다. '공'과 '연기'는 별개 같지만 사실은 하나이다.

'공'은 이 세계의 실재 모습을 전체적으로 설명한 것이다. 만약 전자 현미경으로 본다면 여러분의 손은 어떻게 보일까? 아무것도 없는 듯 빈 구멍만 보일 것이다. 그러나 '비었다'고 해서 이 세계가 텅 비어 있는 것은 아니다. 분자나 원자보다 더 작은 양자 수준의 세계를 관찰해보면 이 세계는 마치 하나의 바다처럼 서로 연결되어 있다. 아주 밝은 곳은 아주 어두운 곳과 마찬가지로 아무것도 안 보이듯, 하나의 바다처럼 서로 연결되어 있는 것은 마치 아무것도 없는 것과 같다고 하여 '공(空)'이라고 한다. 하나의 바다처럼 서로 연결되어 있는, 분자나 원자보다 더 작은 양자 수준의 세계는 바로 우리가 사는 세계의 '실재' 모습이다.

우리가 사는 세계의 '실재' 모습이 '양자 수준의 세계'라 해도, '원자나 분자 수준의 세계'를 무시할 수 없다. 한 덩어리의 바다라 해도 그 속의 파도와 해류의 모습이 다양하듯, 한 덩어리의 양자세계라 해도 그 속의 원자와 분자의 모습은 다양하기 때문이다. 그리고 파도와 해류가 바다를 벗어날 수 없듯 원자와 분자 또한 양자세계라는 바다를 벗어날 수 없다. 즉, 파도와 해류가 혼자 움직일 수 없듯 원자와 분자 또한 양자세계와 무관하게 움직일 수 없다. 이처럼 파도와 해류, 혹은 원자와 분자가 혼자서 별개로 움직일 수 없음을 말한 것이 바로 연기(緣起)이다.

부처가 깨달은 공(空)과 연기(緣起)는 20세기 과학인 양자이론을 통해 쉽게 이해할 수 있다. 하지만 오늘날 무수한 과학자들의 노력으로 발견한 것을 2,500여 년 전에 한 개인이 깨달았다는 사실은 놀라울 따름이다. 그리 천재적이지 못했던 옛 사람들이 부처가 깨달은 것을 이해하기란 쉽지 않았을 것이다. 부처가 깨달은 내용이 이해하기 쉽지 않았음은 부처에 대한 수많은 경전과 해설서가 증명해주고 있다.

그러면 부처는 자신의 깨달음을 전제로 어떤 세상을 꿈꾸었을까? '공'의 입장에서 보면 파도가 바다를 벗어날 수 없듯, 원자와 분자가 양자세계라는 바다를 벗어날 수 없듯, 잘났든 못났든 인간은 모두 평등하다. 나아가 모든 생명체가 평등하다. 그래서 '어머니가 자기 외아들을 목숨을 걸고 지키듯 모든 살아 있는 것에 대해서 끝없는 자비심을 일으켜야(『숫타니파타』 중에서)' 한다고 말했다.

부처가 깨달은 공(空)과 연기(緣起)의 관점에서 보면 우리 눈에 비치는 모든 구분은 무의미해진다. 모든 구분이 무의미하기에 '자기 것'이란 있을 수 없다. 심지어 자신의 몸조차 말이다. 그래서 부처는 깨달음에 이은 실천 행동으로 '무소유(無所有)'를 말했다.

부처는 모든 사람이 이 세계의 진실된 실재 모습을 깨달아 각자의 고통에서 벗어나는 세상, 서로 차이는 인정하되 차별하지 않으며 서로의 고통을 없애주는 세상을 꿈꾸었다.

4 孟子

맹자,
사람답게 사는 길

왕 앞이라도 할 말은 한다

맹자는 공자가 죽은 지 100년쯤 후인 기원전 약 372년에 태어났다. 공자가 기원전 551년에 태어나 기원전 479년에 세상을 떠났으니 맹자는 공자를 직접 만나볼 수 없었다. 하지만 '유교' 하면 흔히 '공맹지도(孔孟之道)'라고 하여 공자와 맹자를 함께 일컫는다. 그만큼 맹자는 공자를 이어 유학의 기틀을 잡은 사람이라고 할 수 있다. 맹자는 공자의 인(仁)과 함께 이를 확장시킨 의(義)를 강조했다. 사람됨을 뜻하는 '인'에서 나아가 사람답게 살아야 함을 '의'를 통해 강조했다. 학자적 지식에 실천가의 가치 판단을 적용한 것이다.

어느 날 맹자가 양혜왕을 만났다. 왕이 맹자에게 물었다.

"선생께서 천 리 길을 멀다 않고 이 나라를 찾아주셨으니, 이 나라에 무슨 이로움이 있을까요?"

맹자는 단호하게 말했다.

"왕께서는 하필이면 이로움을 말씀하십니까? 오직 인(仁)과 의(義)가 있을 뿐입니다. 임금이 어떻게 하면 내 나라에 이로울까를 따지면, 벼슬아치들은 어떻게 하면 내 집안에 이로울까를 따지고, 선비나 일반 민중은 어떻게 하면 내게 이로울까를 따지게 됩니다. 그러면 나라가 위태로워질 것입니다."

- 「맹자」「양혜왕편」 중에서

백성과 국가의 발전이라는 왕의 현실적인 고민에 대해 맹자는 인의(仁義)를 앞세워 반박했다. 전국시대(戰國時代) 7국 중의 하나인 위나라('양나라'라고도 함)의 왕으로 양혜왕이 얼마나 경쟁 스트레스가 많았을지는 생각지도 않고 말이다. 이런 직설화법 때문에 맹자는 당시 군주들에게 신망을 얻지 못했음은 물론 「맹자」는 대대로 금서(禁書)가 되는 처지에 놓였다. 심지어 한나라 무제는 맹자의 초상화를 걸어놓고 종종 화살을 쏘며 불경한 학자라고 욕을 했다고 한다. 송나라 주희에 이르러 사서(四書)의 반열에 오르기는 했지만, 맹자 전후 시대를 다 찾아봐도 맹자만큼 큰 배짱을 지닌 사람은 찾아보기 힘들다.

맹자의 목숨을 건 직설화법에는 이유가 있었다. 왕도 함부로 못할 천명(天命)을 알았기 때문이다. 공자가 50세 때 깨달았다는 천명은 주관적인 입장에서 보면 운명(運命)이고, 객관적인 세계에서 보면 천명(天命)이다. 천명에 대해 맹자는 "인간이 할 수 없는 일을 행하는 것이 천(天)이고, 인간이 도달하기 어려운 일을 이루게 하는 것이 명(命)이다"라고 『맹자』 「만장편」에서 말했다.

노자, 공자, 장자가 말한 도(道)를 다른 말로 하면 천(天)인데, 이것이 한 개인에게 적용되는 것이 바로 명(命)이다. 그렇기에 공자는 『논어』 「요왈(堯曰)편」에서 "명을 알지 못하면 군자가 될 수 없다"고 말했다. 맹자 역시 "명(命)이 아닌 것이 없으니 그것을 따라야 한다. 명을 아는 사람은 무너질 담 밑에는 서지 않는다"고 『맹자』 「진심장편」에서 말했다. 맹자 자신처럼 천명을 아는 사람은 죽음을 두려워하지 않으나, 어처구니없는 죽음은 피할 수 있다는 뜻이다.

천명을 근거로 인의를 강조한 맹자는 철저하게 이익을 배격했다. 이익은 객관적인 천명이 아니라 인간의 주관적인 욕심일 뿐이기 때문이다. 심지어 맹자는 전쟁이 이롭지 못하다고 설득함으로써 초나라와 진나라의 싸움을 말리려 했던 송경(宋牼)이라는 사람에게, 이익이 되지 않는다는 것으로 설득해서는 안 되며 오직 천명에 근거한 인과 의로써 설득해야 한다고 주장했다. 바로 인과 의에 기초한 '왕도정치(王道政治)'였다.

하지만 맹자는 백성의 실생활과 무관한 왕도정치는 의미가 없다고 생각했으며, 백성의 삶을 우선 확보해주면 왕 노릇이 저절로 이루어진다고 보았다. 나아가 정전제를 실시하여 그 땅에서 난 수확에 대해 10분의 1의 토지세만 걷어야 하며, 점포세와 국경

통과세를 폐지해야 한다고 주장했는데, 이는 왕도정치 실현을 위해 그가 생각해낸 구체적인 방안이었다. 이를 실현시키고자 맹자는 기원전 320년경부터 약 15년 동안 각국을 돌아다녔지만 그가 주장한 왕도정치 사상은 받아들여지지 않았다. 결국 맹자는 쓸쓸히 고향에 돌아와 제자들을 교육시키는 데 전념했다. 공자처럼 맹자도 현실적인 노력을 다했지만 안 되었기에 훗날을 도모하며 제자 교육에 힘쓴 것이다.

자신의 이상을 꺾지 않은 맹자

말년에 쓸쓸히 제자 교육에 전념했지만 맹자는 자신의 이상을 결코 꺾지 않았다. 그런 사실을 알 수 있는 구절이 『맹자』 「진심편」에 나온다. 여기서 맹자는 군자의 세 가지 즐거움을 말했다.

> 군자(君子)에게는 세 가지 즐거움이 있다. 천하의 왕이 되는 것은 여기에 들지 않는다.
> 첫째 즐거움은 양친이 다 살아 계시고 형제가 무고한 것이요,
> 둘째 즐거움은 우러러 하늘에 부끄러움이 없고 구부려 사람에게 부끄럽지 않은 것이요,
> 셋째 즐거움은 천하의 영재를 얻어서 교육하는 것이다.
>
> – 『맹자』 「진심편」 중에서

맹자의 즐거움은 무척 현실적이고 소박하기까지 했다. 맹자는 천하의 왕이 되는 것조차 군자가 갖는 세 가지 즐거움에 넣지 않았다. 하다못해 고위 관료가 되는 것도 맹자의 즐거움에는 들지 않았다. 무엇이 중요한지 분명히 알고 있었던 셈이다. 『맹자』 2편인 「공손추편」에는 다음과 같은 표현이 나온다.

我 四十 不動心 (아 사십 부동심)
나는 나이 마흔이 되면서 마음이 흔들리지 않았다.
　　　　　　　　　　　　　　　　　　－『맹자』「공손추편」 중에서

이 말은 공자가 마흔 살이 되어 불혹(不惑)의 경지에 이르렀다는 말과 비슷하다. 공자에게 불혹은 '의혹하는 마음이 없는' 상태였다. 모든 것을 다 안다는 뜻이 아니라, 아는 것과 모르는 것을 정확하게 구분할 수 있기에 앞으로의 공부 방향을 선택했다는 뜻이다. 맹자의 부동심은 앞으로 살 길이 무엇인지 망설이지 않고 확실하게, 양심에 거리낌 없이 살겠다는 뜻이었다. 공자가 진지한 학자의 태도를 갖췄다면, 맹자는 강인한 생활인의 모습을 갖추고 있었다.

맹자의 부동심을 좀 더 확장해보면 『맹자』「공손추편」에 나오는 '호연지기(浩然之氣)'와 같다. 그런데 제자들이 호연지기에 대해 물었을 때 맹자는 설명하기 힘들다고 말했다. 단순한 생활인의 강인함만은 아니었기 때문이다. 그래서 맹자는 단지 그 기운이 몹시 크고 굳센 것으로, 그것을 올바르게 길러서 막힘이 없다면

천지에 충만하게 될 것이라고 말했다. 하지만 이 설명도 쉽사리 이해되지 않는다. '호(浩)'란 '크다', '넓다'는 뜻이고, '연(然)'이란 '그러하다'보다는 '따른다'는 뜻으로, 호연지기는 '큰 것을 따르는 기운'을 말한다. 그러므로 호연지기는 공자가 일관지도(一貫之道)에서 말했듯 모든 것을 관통하는 한 가지, 즉 천명(天命)을 알고 따르는 것이라고 할 수 있다. 이처럼 커다란 마음을 갖고 있는 사람을 맹자는 '대장부(大丈夫)'라고 표현했다.

> 천하의 넓은 집에 살며 천하의 바른 자리에 서서 천하의 큰 도를 행한다.
> 뜻을 얻으면 백성과 함께 하고 뜻을 얻지 못하면 홀로 그 도를 행한다.
> 부귀도 그 마음을 유혹하지 못하고 빈천도 그의 지조를 바꾸지 못하며 위엄과 무력도 그의 뜻을 꺾지 못하는 사람을 일러 대장부(大丈夫)라 한다.
>
> — 『맹자』 「등문공편」 중에서

하늘 아래 천하의 넓은 집에 살며 천하에서 자기 자리를 분명하게 찾는다는 것은 자기 자신의 기준을 분명히 가졌다는 뜻이다. '천하의 넓은 집'이란 우리 자신을 둘러싼 모든 것을 뜻한다. 그러므로 맹자의 '천하지정위(天下之正位, 천하의 바른 자리)'란 바로 공자가 말한 충(忠)과 같다.

충이란 가운데 '중(中)'에 마음 '심(心)' 자가 합쳐진 말로, 중(中)은 자기 자신과 세계 전체의 균형을 잡는 기준을 뜻한다. 균형을 잡기 위해서는 '학이시습지'를 통해 바른 자리에 서지 않으면 안 된다. 바르다는 의미의 '정(正)' 자 또한 재미있는데, 이는 한 '일(一)'과 머무를 '지(止)'가 합쳐진 글자이다. 즉 공자가 말한 '하나의 도(전체의 기준)'를 알고 거기에 머무를 때에만 바르게 될 수 있다는 것이다.

'천하의 커다란 도를 행한다'에서 '천하의 커다란 도'란 천지만물이 만들어지고, 변화하고, 발전하는 원리이다. 그러므로 '천하의 커다란 도를 행한다'는 뜻은 천지만물이 만들어지고, 변화하고, 발전하는 원리, 즉 '천명(天命)에 따른다'는 뜻이다. 이것으로 볼 때 대장부의 삶의 기준은 바로 천(天)에 있으며, 그 명(命)을 따르는 사람을 맹자는 대장부라고 한 것이다.

이렇게 '천'에 근거한 자신의 기준이 시대 상황과 맞는다면 자신의 의지를 백성과 함께 이루어 나가고, 만약 그것이 시대 상황과 맞지 않으면 혼자라도 하늘의 뜻을 행한다고 했다. 동양고전에서 시대 상황을 나타내는 말이 '지(地)'인데, '지'는 천을 따르지만 항상 천과 일치하는 것은 아니다. 맹자는 자기 자신을 시대에 맞추는 것이 아니라 시대보다 더 넓은 하늘의 뜻에 따라, 시대 상황을 변화시켜 나가겠다는 의지를 지닌 것이다. 하늘의 뜻에 따른 자신의 기준을 가졌기에 부자가 된다 해도 마음이 음탕해지지 않고, 아무리 가난하게 산다 해도 마음이 흔들리지 않았다. 위엄과 무력에도 그 기준이 꺾이지 않은 것이다. 맹자에게 대장부는 가장 바람직한 인간의 모습이었다. 오늘날 '대장부' 하면 건장하고

씩씩한 남자를 말하지만 맹자가 말한 '대장부'는 이 우주 만물이 변화하는 이치, 그 도를 깨달아 자기 기준으로 만든 후에 그것을 실천하는 사람이다.

하늘은 큰일을 맡기려 할 때 먼저 고난을 준다

> 하늘이 장차 어떤 사람에게 큰일을 맡기려 할 때는 반드시
> 먼저 그 마음을 괴롭히고, 그 근골을 지치게 하고, 그 육체를
> 굶주리게 하고, 그 생활을 곤궁하게 하여 행하는 일이 뜻과
> 같지 않게 한다.
> 이것은 그들의 마음을 움직여서 그 성질을 참게 하여
> 일찍이 할 수 없었던 일을 할 수 있도록 만들기 위해서이다.
> — 『맹자』「고자편」 중에서

맹자는 이와 같이 '환경의 도전을 극복할 때 비로소 성장할 수 있다'고 말했다. 큰 고난을 극복할수록 큰 성장을 이룰 수 있다는 뜻이다. 세상의 생명체는 모두 환경의 시련을 극복한 것이다. 나무나 동물, 인간이 받는 환경의 도전은 그 방식이 다를 뿐 시련이기는 마찬가지다. 움직이지 못하는 나무는 한 곳에 머물며 물과 햇빛, 땅을 탓하지 않고 인내한다. 환경에 적응하는 유별난 능력을 갖고 있는 동물도 있지만 무수히 많은 동물 종이 멸종되었음을 우리는 알고 있다. 오늘날 인간은 환경의 도전을 극복했기에

스스로를 '만물의 영장'이라 칭하지만 인간이 영원하리라는 보장은 없다.

무수히 여러 번 망치질을 해야 더 강한 쇠가 만들어지듯, 더 어려운 환경에 처하여 이를 극복할수록 더욱 훌륭한 사람이 될 가능성이 높아진다. 맹자가 이야기했듯 하늘의 뜻을 알기 위해, 삶의 기준을 당당히 만들어 나가는 것이 중요하다. 그 과정에서 얻거나 잃게 되는 높은 지위와 많은 돈은 큰 문제가 아니다. 우리가 살아가는 세상에는 아무리 노력한다 해도 부와 지위, 학력이 나보다 더 높은 사람과 낮은 사람이 있기 마련이다. 자기보다 학력과 지위가 낮은 사람을 업신여긴다면 자기보다 지위가 높고 잘사는 사람에게 업신여김을 당할 것이다. 이처럼 서로가 서로를 업신여기고 무시한다면 문제가 생기고 갈등이 발생하므로 편안해질 수 없다. 그러므로 진정한 행복을 얻기 위해서라도 다른 사람을 나와 같은 입장에서 생각해야 한다. 그러기 위해서는 먼저 자기 자신의 기준을 세워야 한다. '나는 누구인가?', '나는 어떻게 살아야 하는가?', '왜 가난한 사람과 부자가 생기는 것일까?', '사람들은 왜 서로 싸울까?' 등 우리가 궁금해 하는 많은 문제에 대해서 말이다.

누구나 쉬운 길을 택하고 싶어 한다. 하지만 스스로 판단하고 행동하지 못하는 반쪽짜리 인간으로는 결코 행복할 수 없다. 쉽지 않겠지만 우주 자연과 같아지려는 맹자의 호연지기를 기억하고, 거친 현실을 받아들여야 한다. 그리고 가슴이 시키는 일을 하며, 다른 많은 사람을 위하는 인간이 되어야 한다.

'민심(民心)이 곧 천심(天心)'이라고 주장하며 이를 최고의 가치로 여긴 것은 공자의 사상을 현실에 적용한 맹자의 독창적인 업적이다. 백성이 가장 귀하다는 맹자의 이러한 주장은 총 7편(篇) 261장(章) 3만 4,685자(字)로 이루어진 『맹자』의 맨 마지막 내용이다.

　백성이 귀중하고, 조상을 모시는 것이 그 다음이며, 왕은 경미하다. 그러므로 백성의 마음을 얻은 사람이 왕이 되고, 왕의 마음을 얻은 사람이 제후가 되며, 제후의 마음을 얻은 사람이 대부가 된다.

－『맹자』「진심 하편」 중에서

맹자 기원전 372~289년 ✳ ─────────────────────

　이름은 가(軻), 자는 자여(子輿)이다. 공자의 고향인 곡부(曲阜)에서 가까운 곳에서 태어났다. 일찍 아버지를 여의고 교육열이 높은 어머니 슬하에서 자랐다. 맹자의 어머니는 아들의 교육을 위해 세 번 이사를 하였고(孟母三遷之敎, 맹모삼천지교), 맹자가 공부하는 기간을 채우지 못하고 집에 돌아오자 당신이 짜던 베를 끊어 경계했다(斷機之訓, 단기지훈)고 한다.

　맹자는 당시 정치적인 분열을 인의(仁義)를 바탕으로 한 왕도정치로 극복할 수 있다고 믿고, 여러 나라를 돌며 제후들에게 이를 권했다. 기원전 320년경에 양나라 혜왕에게 왕도를 권했지만 1~2년 후에 왕이 죽고 말았다. 그러자 제나라로 가서 선왕에게 왕도정치 실현을 설득했지만 역시 받아들여지지 않았다. 그 후 송나라, 설나라를 거쳐 고향인 추나라로, 다시 등나라에서 노나라를 거쳐 고향인 추나라로 돌아왔다. 당시 제후들은 왕도정치보다 부국강병을 위한 정치술을 터득하고자 했기에 맹자는 이상의 실현을 포기해야 했다. 그는 쉰 살 이후에 시작한 유랑을 마치고 일흔 살 무렵이 되어 고향으로 돌아왔다. 고향에서 제자들과 『시경』과 『서경』, 공자에 대해 토론했으며, 그때 만들어진 『맹자』가 오늘날까지 전해지고 있다.

5 莊子

장자,
자유롭게 사는 길

쓸모없는 것이 갖고 있는 쓸모

장자는 흔히 앞선 시대에 살았던 노자와 함께 '노장(老莊)'이라고 불린다. 노자의 생각을 많이 이어받은 장자의 생애에 대해 구체적으로 알 수 있는 것은 없다. 다만 그가 썼다고 알려진 『장자』라는 책으로 그에 대해 알 수 있을 뿐이다. 『장자』에는 노자의 『도덕경』과 달리 재미있는 이야기와 풍부한 사례가 많이 등장한다. 이를 통해 노자가 이야기한 도(道)의 의미가 무엇인지 자세히 알려준다.

개구리가 어느 날 동해의 거북에게 말했다.
"나는 참 즐겁단다. 우물가 위로 뛰어올라가 놀기도 하고, 깨어진 벽 틈으로 들어가 쉬기도 하지. 물에 들어가서는 양편 겨드랑이를 수면에 대고 턱을 물 위에 받치고 주위의 장구벌레나 게, 올챙이를 둘러봐도 나만 한 것이 없단다. 거기에다 무너진 우물을 혼자 독차지하고 지배하는 즐거움 또한 최고야. 너도 한번 들어와보는 게 어때?"

그래서 동해의 거북이 들어가보려 했으나 우물이 너무 좁아 왼발을 넣기도 전에 오른쪽 무릎이 걸리고 말았다. 그래서 어정어정 기어 나와 개구리에게 바다 얘기를 했다.

"천 리라는 먼 거리로도 바다의 크기를 표현하기에 부족하고, 천 길의 높이로도 바다의 깊이를 표현하기에 부족하다. 우 임금 때 10년 동안 아홉 번이나 큰 장마가 졌지만 바다의 물은 불어나지 않았고, 탕 임금 때 8년 동안 일곱 번이나 가뭄이 들었지만 바다의 물은 줄어들지 않았어. 시간이 흘러도 변화하는 법이 없고, 물의 많고 적음에 따라 줄고 늘지 않는 것이 바다의 즐거움이지."

그 얘기를 듣고 우물 안 개구리는 너무 놀라서 멍하니 정신을 잃어버렸다.

– 『장자』 「추수편」 중에서

'우물 안 개구리'라는 말을 한 번쯤은 들어봤을 것이다. 커다란 바다를 기준으로 세상을 보면 우물 안 개구리처럼 자기가 살고 있는 세계가 전부라고 생각하지 않을 것이다. 우물 안 개구리처럼 좁은 시각으로 주변 세계를 보면 크고, 작고, 잘하고, 못하고 등의 구별이 있을 수 있지만 커다란 바다를 기준으로 봤을 때는 그런 구분이 무의미해진다. 바다 앞에서 우물이 얼마나 넓은지, 깊은지 따져봐야 무슨 소용이 있겠는가.

　우물 안 개구리가 우스워 보일지 모르지만 우리는 모두 저마다의 우물을 가지고 있다. 다만 그 우물이 개구리가 살 만한 우물인지, 커다란 연못인지, 아니면 모든 물이 모이는 거대한 바다인지의 차이가 있을 뿐이다. 바다 또한 지구, 아니 우주 전체의 관점에서 보면 작디작을 것이다. 하지만 인간은 생각하는 능력으로 이 모든 것에 대해 알 수 있다. 다만 대부분의 사람은 눈앞에 주어진 것에 급급하기 때문에 우물 안 개구리처럼 살고 있는 것이다.

　『장자』라는 책의 전편을 관통하는 내용은 노자가 말한 도에 대한 깨우침을 현실에 어떻게 적용하여 설명할까 하는 문제의식 속에서 나온 것이다. 이는 『장자』의 「무용지용론(無用之用論)」, 「제물론(齊物論)」, 그리고 「소요유(逍遙遊)편」에 잘 나타나 있다. 그중 「무용지용론」을 먼저 설명하는 이유는 노자의 무위자연(無爲自然) 사상과 연관되었기 때문이다. '무용지용'은 '쓸모없는 것이 갖고 있는 쓸모'라는 뜻으로 그 의미를 장자는 다음과 같은 일화를 통해 설명했다.

　　장석이라는 목수가 제나라로 가다가 사당 앞에 큰 도토리나무가 서 있는 것을 보았다. 그 크기는 수천 마리의 소를 덮을 만했고, 그 둘레는 백 아름이나 되었으며, 그 높이는 산을 내려다 볼 만했다. 그 나무를 보러 온 구경꾼들이 장사진을 이루었지만 장석은 나무를 거들떠보지도 않고 지나가버렸다.
그러자 그의 제자가 장석에게 달려가 말했다.

"제가 도끼를 들고 선생님을 따라다닌 이래로 이처럼 훌륭한
재목은 본 적이 없습니다. 그런데 선생님께서는 거들떠보지
도 않으시니 어찌 된 일입니까?"

장석이 말했다.

"그런 말 말라. 저것은 쓸데없는 나무다. 저 나무로 배를 만
들면 가라앉고, 관을 만들면 빨리 썩고, 그릇을 만들면 금방
깨지고, 문짝을 만들면 나무진이 흘러내리고, 기둥을 만들면
곧 좀이 먹는다. 그것은 재목이 못 될 나무야. 쓸모가 없어서
그토록 오래 살고 있는 것이야."

장석이 집에 돌아와 잠을 자는데 그 나무가 꿈에 나타나 말
했다.

"그대는 나를 어디에 견주려는 것인가? 나를 좋은 재목에 견
주려는 것인가? 아니면 배나 귤, 유자가 열리는 과일나무에
견주려는 것인가? 과일나무는 과일이 열리면 따게 되고, 딸
때는 욕을 당하게 된다. 큰 가지는 꺾이고 작은 가지는 찢긴
다. 이들은 자신의 재능으로 말미암아 고통을 당하는 것이
지. 그래서 천수를 누리지 못하고 일찍 죽는다. 스스로 화를
자초한 것이나 다름없다. 세상 만물이 이와 같지 않은 것이
없다. 나는 쓸모없기를 바란 지 오래다. 몇 번이고 죽을 고비
를 넘기고 이제야 뜻대로 되어 쓸모없음이 나의 큰 쓸모가 되
었다. 만약 내가 쓸모가 있었다면 어찌 이렇게 커질 수 있었

겠는가? 그대와 나는 다 같이 하찮은 물건에 지나지 않는다. 어찌하여 서로를 하찮은 것이라고 헐뜯을 수 있겠는가? 그대처럼 죽을 날이 멀지 않은 쓸모없는 사람이 어찌 쓸모없는 나무의 의미를 알 수 있겠는가?"

- 「장자」「인간세편」 중에서

오늘날 많은 사람이 자신을 남보다 돋보이게 하려고 노력한다. 남보다 돋보이면 좋은 점도 있지만 안 좋은 점도 분명 있다. 많은 사람들이 텔레비전이나 영화에 나오는 예쁘고 멋있는 연예인이 되고 싶어 한다. 연예인은 많은 사람들의 부러움을 사기 때문에 좋을 수 있지만 많은 스트레스를 겪기도 한다. 자기가 원해서 무엇을 하기보다는 다른 사람의 요구에 의해 시간의 대부분이 좌지우지되고, 조금만 잘못해도 곧 많은 사람에게 알려지고 큰 비난을 받는다. 대중이 좋아하는 것이 무엇인지 알기 때문에 늘 긴장하고, 하고 싶은 말을 마음껏 하지 못하며 항상 다른 사람을 신경 써야 한다. 이런 삶이 편안한 삶이라고 할 수 있을까?

한쪽 입장에서 보면 볼 수 없었던 측면이 다른 쪽에서 보면 보이는 경우가 많다. 산이 높으면 골짜기가 깊고, 햇빛이 밝으면 그림자는 더욱 짙다. 우리는 산을 볼 때 높은 봉우리를 바라보지만 그 산은 깊은 골짜기도 가지고 있다. 장자가 말하는 무용지용론은 사물을 한쪽 면만 보지 말고 다양하게 볼 것을 가르친다.

사물에는 귀천이 없다

　노자의 도 사상을 가장 잘 비유하여 설명한 내용이 『장자』 「제물론편」에 담겨 있다. '제물론(齊物論)'이란 '물(物)과 론(論)을 가지런히 하나로 한다[齊]'는 뜻이다. '물'은 집과 책상, 컴퓨터 등 우리 눈에 보이는 모든 물건과 함께 나와 남도 포함된다. '론'은 이론(理論), 언론(言論)에서 보듯 물에 대한 사람의 '생각'을 말한다. 이러한 '물론(物論)'을 가지런히 한다는 것은 무슨 뜻일까? 그것은 인간을 포함해서 우주 만물이 사실은 서로 같다는 노자의 도를 말하는 것이다.

　도의 관점에서 보면 사물에 귀천이 없다. 어떤 사물은 좋아 보이고 어떤 사물은 나빠 보일 수 있지만 좋은 것은 좋은 대로, 나쁜 것은 나쁜 대로 의미가 있다. 사람도 마찬가지로 어떤 사람이 더 귀하다, 천하다 해도 모두가 엄마 배 속에서 태어나고 결국 죽음에 이른다. 좋고, 나쁘고, 귀하고, 천하고는 인간의 생각이지 도의 관점은 아니다. 장자는 이렇게 말했다.

> "작은 풀과 큰 나무, 못생긴 여인과 아름다운 여인, 그 밖의 특이하거나 유별나다고 생각되는 모든 일이 도의 관점에서 보면 하나일 뿐이다."
>
> ㅡ 『장자』 「추수편」 중에서

　장자에 의하면 인간만 그런 것이 아니라 아무리 미물이라 해도 도의 관점에서 보면 모두 하나이다. 바다의 관점에서 보면 파도나 소용돌이 또한 바다와 마찬가지다. 이러한 관점이 잘 나타나 있는 것이 바로 『장자』 「지북유편」의 장자와 동곽자가 주고받는 문답이다.

동곽자	이른 바 도란 어디에 있습니까?
장자	없는 곳이 없소.
동곽자	분명히 가르쳐주십시오.
장자	땅강아지나 개미에게 있소.
동곽자	어째서 그렇게 낮은 곳에 있습니까?
장자	강아지풀이나 피에 있소.
동곽자	어째서 그렇게 점점 더 낮아집니까?
장자	기와나 벽돌에도 있소.
동곽자	어째서 그렇게 차츰 더 심하게 내려갑니까?
장자	똥이나 오줌에도 있소.

- 『장자』 「지북유편」 중에서

질문을 던지는 동곽자는 노자의 도를 장자만큼 알지 못했던 것 같다. 그래서 도가 어디에 있느냐고 물었다. 그에 대해 장자는 땅강아지나 개미, 강아지풀, 기와, 심지어 똥이나 오줌에도 도가 있다고 말했다. 동곽자가 보기에 도는 공자나 노자 같은 아주 훌륭하고 위대한 사상가들만 깨달을 수 있는 숭고하고 가치 있는 것이었다. 그런데 장자는 우리가 싫어하고 천하게 여기는 사물 속에 도가 있다고 말했다. 왜 그랬을까? 도는 구분할 수 없는 실재(實

在)임을 알았기 때문이다. 실재란 양자물리학에서 말하는 양자의 세계이다. 양자의 세계에서 보면 똥이나 벽돌, 땅강아지나 개미, 각각의 사람에는 차이가 없다. 모두 다 하나라고 볼 수 있다.

흔히 도라고 하면 동곽자처럼 무언가 신비롭고 어렵고, 공부를 많이 해야 알 수 있는 것이라고 생각한다. 하지만 장자는 그렇지 않다고 했다. 도란 세계를 어떤 것이 좋고, 나쁘다고 보는 것이 아니라 그보다 더 넓은, 인간을 포함한 전체가 하나의 에너지 바다와 같다는 것을 깨닫는 것이다. 이런 깨달음이 있다면 사소한 문제에 대해 한쪽 측면만 보고 좋고 싫음을 판단하지 않을 것이다.

우리를 둘러싼 세계는 우리의 작은 생각으로 담기에는 너무 크다. 공자와 노자, 장자가 말하는 것은 이 세계는 모든 것이 다 하나라는 도의 관점에서 출발할 때에만 올바른 가치 판단을 내릴 수 있다는 점이다. 심지어 장자는 우리가 꾸는 꿈 또한 구분할 수 없는 실재(實在)임을 깨달았다.

> 예전에 나는 나비가 된 꿈을 꾼 적이 있다. 그때 나는 훨훨 날아다니는 나비였다. 아주 즐거울 따름이어서 내가 장주(莊周)임을 조금도 알아차리지 못했다. 그러나 갑자기 꿈에서 깬 순간 분명히 나는 장주로 돌아와 있었다. 대체 장주가 나비가 된 꿈을 꾸었던 것일까, 아니면 나비가 장주가 된 꿈을 꾸었던 것일까? 장주와 나비는 서로 다른 것이건만 그 구별이 애매함은 무엇 때문일까? 이것은 사물이 변화하기 때문이다.
> – 「장자」 「제물편」 중에서

'호접(胡蝶)'이란 호랑나비라는 뜻이다. 그러니까 호접지몽은 호랑나비의 꿈이다. 이는 장자가 나비가 되어 날아다니는 꿈을 꾸고 나서 깨달은 것을 말한다. 여기서 장자는 우리가 꿈을 통해 상상해볼 수 있듯 자신의 현실적인 모습을 파악할 수 있다는 점을 말하고 있다. 꿈은 꿈이고 현실은 현실이라고 말할 수 있지만 현실을 살 듯 꿈을 꾸고, 꿈을 꾸듯 현실을 살 수도 있다. 과연 어느 것이 진실인지는 누구도 분명히 말할 수 없다. 그러므로 장자의 호접지몽은 물아일체의 경지, 곧 꿈과 현실, 나와 기억의 구분이 없어지는 도의 세계를 말한다고 할 수 있다.

장자의 핵심 사상 중에서 「소요유편」은 도에 대한 깨달음을 전제로 한다. '소요유'란 '천천히 거닐면서 놀다', '유람하다'는 뜻이다. 천천히 거닐면서 노니는 삶의 모습을 안빈낙도(安貧樂道)라고도 한다. '안빈'이란 비록 가난하지만 그것을 편안하게 여기는 자세를 말한다. 부자가 되면 생활이 편리해질 수 있지만 완전히 편안하거나 행복한 것은 아니다. '낙도'는 '도를 즐겁게 즐긴다'는 뜻이다. 도를 깨달으면 즐거워진다. 왜냐하면 자신이 살고 있는 세상, 현실, 실재가 무엇인지 알고 있기에 부유하든 가난하든, 잘났든 못났든 이 모든 차이를 받아들일 수 있기 때문이다.

소요유하는 사람은 많은 사람을 얽어매는 세상의 근심으로부터 자유롭다. 많은 사람이 근심하는 이유는 자신의 현재 상태를 있는 그대로 인정하지 않고 다른 사람의 기준으로 바라보기 때문이다. 도에 근거해 자신의 기준을 세운다면 주변의 사소한 많은 기준으로부터 자유로울 수 있다. 이렇게 소요유하는 사람은 도에

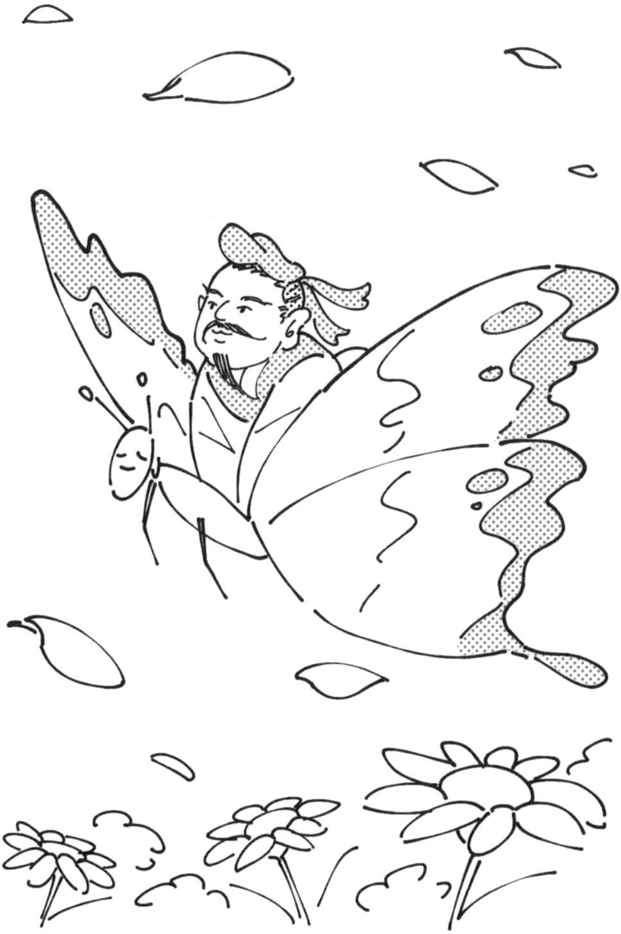

근거한 기준을 갖고 있기 때문에 자주(自主)적이고, 다른 사람의 칭찬이나 비난에 흔들리지 않는다.

송영자 같은 인물은 빙그레 웃을 뿐이다. 그는 세상이 들고 일어나 그를 칭찬해도 우쭐하지 않았고, 비난해도 안타까워하지 않았다. 그는 안팎의 구분이 명확하게 정립되어 있었고, 영욕의 경계가 확연히 나뉘었기에 그럴 수 있었다. 그는 세속의 일에 급급하지 않았으나, 아직은 뿌리를 내려 제대로 서지 못했다고 할 수 있다.

열자(列子)는 바람을 타고 유유히 돌아다니다 15일 정도가 되면 돌아오곤 했다. 그는 바람에 대해서 급급해 하지 않았다. 그러나 그 역시 걸어 다니는 일은 면했다고는 하나, 여전히 바람이라는 것에 의지해야 했다.

만약 천지의 도를 타고, 천지의 변화를 다스림으로써, 무궁 속에서 노닐 수 있는 사람이 있다면 그는 무엇에 의지하겠는가?

그런 까닭에 지인(至人)은 자기 자신의 형체가 없으며, 신인(神人)은 현상 세계에 매여 있는 인위적인 행적을 남기지 않고, 성인(聖人)은 세속에 연연하는 명성을 추구함이 없는 것이다.

- 『장자』 「소요유편」 중에서

송영자 같이 살 수 있다면 그것은 삶의 기준이 분명하기 때문이다. 소요유하는 사람은 부나 권력, 명예를 얻기 위해 현재의 삶을 근심 속에 몰아넣지 않는다. 이처럼 도에 근거한 기준을 갖는 것이 소요유의 출발점이다. 그런데 장자가 말하는 소요유에는 세 단계가 있다. 위에서 과장하여 말한 지인, 신인, 성인이 그것이다. 이를 쉽게 설명하면 공자가 50, 60, 70세를 각각 일컬은 '지천명', '이순', '종심소욕불유구'의 단계라 할 수 있다.

지인(至人)이었던 송영자는 지천명의 단계에 있었기에 세상일에 흔들리지 않았다. 자신의 형체보다는 천명에 의지했기 때문이다. 그리고 신인(神人)으로 자유로웠지만 바람에 의지할 수밖에 없던 열자는 모든 것을 알아들었지만 행동에 조심스러움이 필요한 이순의 단계였다. 천지의 도를 타고 천지의 변화를 다스림으로써 무궁 속에서 노니는 성인(聖人)의 단계는 바로 공자가 70세에 도달했다는 '종심소욕불유구'의 단계라 할 수 있다. 즉, 나와 천지가 하나가 되었다는 뜻이다. 나와 천지가 하나가 된다는 것은 자연에 따르는 삶을 산다는 것으로, 자연이 되었기에 자신의 이름을 잊는다는 뜻이다. 「소요유편」에는 거의 성인에 가까우나 자기 자신을 잊지 못하는 단계도 등장한다. 명성을 추구하고 인위적인 행적을 남긴 경우인데, 바로 요(堯) 임금과 허유(許由)가 그들이다. 요 임금은 중국의 고대 전설에 등장하는 임금이다. 태평 시대를 이를 때 '요순시대'라고도 하는데, 요 임금과 순(舜) 임금이 다스리던 때에 나라가 평화로웠다고 하여 그렇게 부른다. 허유는 기산이라는 산 속에 숨어 사는 은자(隱者)였다. 그는 바르지 않은 자리에는 앉지 않았고, 자신이 노력해서 얻지 않은 음식은 입에 대지도 않았으며, 오로지 의(義)를 지키고 살았다. 허유가 이렇게 훌륭한 사람이라는 이야기를 들은 요 임금은 그에게 왕의 자리를 물려주려고 했다. 그러자 허유는 이렇게 대답했다.

> 뱁새가 깊은 숲 속에 둥지를 짓는다 해도 필요한 것은 숲 전체가 아니라 나뭇가지 하나뿐이고, 두더지가 강물을 마신다 해도 강물 전체가 아니라 그 작은 배를 채울 만큼만 마십니다. 임금님, 돌아가 쉬십시오. 제게는 천하란 아무 소용이 없습니다.
>
> — 『장자』 「소요유편」 중에서

　요 임금은 대표적인 성인의 한 명이다. 요 임금이 허유에게 왕의 자리를 물려주려고 한 것은 자신의 명예를 지키고자 하는 의지가 있었기 때문이다. 당시에는 자식이 아니라 가장 훌륭한 사람에게 왕위를 계승하는 전통이 있었다. 마찬가지로 허유가 왕위를 거부한 것은 자기 자신을 지키기 위한 행동이었다. 요 임금이 이미 나라를 잘 다스리고 있는데 굳이 자신이 나설 필요가 없다는 생각에서였다. 요 임금과 허유는 모두 훌륭한 사람이었지만 나와 천지가 하나가 되는 자연(自然) 그 자체가 된 것은 아니다. 이처럼 자연에 따르는 삶인 최고의 소요유를 이루기는 쉽지 않다. 우리 같은 참새가 어찌 봉황의 뜻을 알겠는가.

　무릇 물이 깊지 않으면 큰 배를 띄울 수 없다. 바람이 쌓이되 두텁지 않으면 그 역시 큰 날개를 떠받칠 힘이 없게 된다. 따라서 9만 리 정도는 올라가야 바람이 날개 밑에 그만큼 쌓이게 되어, 그 뒤에 봉황은 남쪽으로 날아가게 된다.

참새는 그것을 보고 웃으며 말한다.

"우리는 있는 힘을 다해 팔짝 뛰어 날아서야 겨우 느릅나무 위에 올라 앉을 수 있다. 때로는 그곳에도 이르지 못하고 땅에 떨어지는데, 봉황은 무엇 때문에 9만 리를 날아 남쪽으로 가는 것일까?"

가까운 교외로 나가는 사람은 세 끼 밥을 먹고 돌아와도 여전히 배가 부를 것이나, 백 리 길을 가는 사람은 전날 밤에 양식을 절구에 찧어 준비해야 하고, 천 리 길을 가는 사람은 석 달 동안 양식을 모아 준비해야 한다. 참새가 그런 사실을 어찌 알겠는가!

- 『장자』 「소요유편」 중에서

위의 글에 등장하는 참새는 원문에서 참새가 아니었지만 상관없다. 봉황에 대해서도 설명이 필요하지만 생략하겠다. 어차피 참새도, 봉황도 비유 대상일 뿐이기에. 이 글에서 장자는 참새와 봉황을 단지 어떤 것이 좋고 나쁘다는 관점으로 말하지 않았다. 좀더 넓은 시각인 도의 경지에서 세상을 바라보기 위해서는 어떤 마음가짐을 가져야 하는지를 말하고 있다. 주변을 맴돌지, 백 리 길을 갈지, 천 리 길을 갈지. 자기 주변을 맴돌며 현재 삶에 만족하며 살 수도 있다. 하지만 현재 삶에 만족하기 위해서는 먼저 지금 알고 있는 것 외에 더욱 많은 것을 알아야 한다. 그것을 모르고 현실에 만족하며 산다는 것은 가능하지 않을뿐더러 진정한 자유가 될 수 없다.

자유인이 사는 법, 예미도중(曳尾塗中)

자유인은 소요유한다. 도에 근거한 자신의 기준을 갖는 것이 소요유하는 출발점이다. 장자는 소요유의 세 단계를 과장하여 지인(至人), 신인(神人), 성인(聖人)이라고 말했지만, 무엇보다 장자가 말하고자 한 것은 '자연에 따르는, 자연 그 자체의 삶이 최고의 소요유'라는 점이었다. 즉 '살아 있음'이었다. 아무리 신령스러운 존재가 된다 한들 살아 있음만 못하다는 뜻이다.

장자가 복수 근처에서 낚시질을 하고 있을 때, 초나라 임금이 대부 두 사람을 그에게 보내어 자신의 뜻을 전했다.
"번거롭겠지만 나라의 정치를 부탁드리려고 합니다."
장자는 낚싯대를 드리운 채 돌아보지도 않고 말했다.
"내가 듣건대, 초나라에는 신령스러운 거북이 있는데 죽은 지 이미 3,000년이나 되었다 합니다. 임금님은 그것을 비단으로 싸서 상자에 넣어 묘당 위에 보관한다고 합니다. 그 거북의 입장이라면, 죽어서 뼈만 남아 존귀하게 되고 싶겠습니까, 아니면 살아서 진흙 속에 꼬리를 끌고 다니고[曳尾塗中] 싶겠습니까?"

두 대부가 대답했다.

"그야 살아서 진흙 속에 꼬리를 끌고 다니려 할 것입니다."

장자가 말했다.

"그러면 돌아가십시오. 나는 진흙 속에 꼬리를 끌고 다니며
살려는 것입니다."

- 「장자」 「추수편」 중에서

예미도중(曳尾塗中). 진흙 속에 꼬리를 끌고 다닐지언정 살아 있
음이 무엇보다 중요하다고 장자는 말했다. 이는 '생명(生命)' 자체
가 갖는 완전성을 강조한 이야기이다.

오늘날 장자의 의미는 과거 어느 때보다 더욱 크다. 우리가 살
고 있는 시대는 공자와 노자, 장자와 맹자가 살던 춘추전국 시대
와 마찬가지로 대전환기를 맞고 있기 때문이다. 그러나 오늘날의
대전환기는 과거와 너무 다른 '특이점 시대'이다.

과거 춘추전국 시대가 청동기 문명에서 철기 문명으로 변화하
는 시기였다면, 지금은 제조업에 바탕을 둔 산업사회에서 지식과
정보 위주의 사회로 변화했다. 변화의 특징 중 하나가 바로 교육
이다. 과거 산업사회에서는 머릿속에 암기한 지식이 중요했다면
지식정보화 시대인 오늘날에는 지식이 아니라 지식을 활용하는
지혜가 더욱 중요하다. 인터넷이 발달하지 않았던 과거 산업사회
에서는 많은 지식을 머릿속에 외우고 있어야 능력이 뛰어난 사람
이었다. 하지만 오늘날 지식정보화 시대에는 집단지성의 연결망
인 인터넷이 있기 때문에 굳이 외우지 않아도 쉽게 지식을 얻을

수 있다. 중요한 것은 그 지식을 어떤 의미로 어떻게 쓸 것인가에 대한 가치 판단, 즉 가치관을 갖는 것이다. 이러한 가치관은 세계관을 전제로 한다. 그러므로 우물 안 개구리가 되지 말고 전체 속에서 의미를 파악할 것을 강조한 장자의 생각은 오늘날의 인류에게 큰 의미가 있다.

오늘날과 같은 '특이점 시대'에 장자의 의미는 더욱 새롭다. 최근 과학기술의 발달은 인간의 삶을 단지 편리하게 만들어준 것에서 나아가, 인간의 특성조차 변화시키고 있다. 사이버 공간과 무선 정보통신을 사용하는 인간의 삶은 과거와 달리 시공간의 제약을 뛰어넘어 인간의 정체성을 여러 곳에 분산시켜 놓았다. 육체노동을 주로 할 때 자아의 정체성이 몸에 근거했다면, 오늘날 현대인의 정체성은 과거와 달리 여러 집단(혹은 컴퓨터, 스마트폰 등)에 각가지 아이디와 캐릭터로 분산되어 있다. 이처럼 분열된 정체성을 하나로 묶을 수 있는 근거가 바로 장자가 강조한 '생명(生命)' 그 자체가 갖는 완전성이다. 아직까지는 어쨌든 육신은 하나이다.

그런데 오늘날 생명공학은 인간에 대해 더 잘 알게 해주는 단계에서 나아가, 생명 창조의 단계에 이르러 인간의 정체성에 대해 심각한 질문을 던지고 있다. '과연 자연에 따르는 삶이 이후에도 가능할까?'라는 물음이다. 인간이 부모에게서 태어나는 것이 아니라, 유전자 공장에서 만들어질 수 있기 때문이다. 태어나든 만들어지든 생명체는 생명체이다. 하지만 인간에 의해 편집되어 만들어진 생명체를 보며 자연을 따르는 것이라고 할 수는 없다. 그렇다고 공장에서 만들어진 자동차와 같다고 볼 수도 없다.

유전공학적인 면에서 살펴보았듯 오늘날은 인간에 대한 인간의 역할이 커지면서 인간에 대한 책임이 강조되는 시대이다. 자유인이라면 반드시 책임감을 가져야 한다. 이는 인간이 자연이 되어야 곧 풀 수 있는 문제이다. 장자의 예미도중은 인간은 그 자체로 목적이지 결코 수단이 될 수 없다는 외침이기도 하다.

6

한비자,
현실적으로 사는 길

韓非子

노자의 생각을 현실화하다

한비자는 법가(法家) 사상을 종합 정리한 사람이다. 법가란 춘추전국 시대의 여러 사상 중에서 법(法)을 강조한 사상이다. 한비자가 살던 당시 공자의 유가와 노자의 도가, 그리고 묵자의 묵가 등이 많이 알려져 있었는데, 이러한 사상을 종합해서 현실적으로 쓸모 있게 만들고자 했던 학파가 법가이다.

한비자가 현실을 강조한 이유는 이상을 추구한 공자와 다른 세계관을 가진 노자의 영향을 받았기 때문이다. 공자가 인과 예를 강조하면서 조화로운 사회를 만들려고 했다면, 노자는 무위자연을 강조하면서 인간의 인위적인 노력이 불필요하다고 했는데, 이런 노자의 생각과 한비자는 어떤 연관이 있을까?

노자가 무위자연을 주장했다고 해서 아무것도 하지 말라고 말한 것은 아니다. 단지 인간이 그 안에서 살고 있는 세계인 자연의 힘은 인간보다 더 크기 때문에 그에 따라 살아야 한다고 강조한 것이다. 인간을 둘러싼 세계의 중요성을 강조한 노자를 따라서 한비자는 세계의 현실에 더욱 관심을 갖게 되었다. 인위적으로 노력하기보다는 자연을 따르는 것이 보다 더 현명한 일이라는 노자의 자연 중심적 사고가 시대에 따라 변화, 발전한 것이 바로 한비자의 법 사상이다. 노자의 자연이 한비자에겐 곧 법이었다. 즉, 한비자는 노자가 이야기한 자연을 구체화한 것이다.

법을 강조했다고 해서 한비자가 모든 문제를 무조건 법으로 해결하자고 주장한 것은 아니다. 한비자는 『한비자』「해로편」에서 "작은 생선을 요리할 때 자주 뒤적이면 생선의 윤기를 해칠 수 있다. 큰 나라를 다스릴 때 자주 법을 바꾸면 백성들이 고통스러워할 수 있다"고 말했다. 즉, 나라를 다스리기 위해 법을 적용시키는 일을 마치 조그마한 생선을 삶는 것 같이 조심스럽게 해야 한다는 것이다. 노자가 주장한 나라를 다스리는 방법은 『도덕경』 제60장 앞부분의 '치대국 약팽소선(治大國 若烹小鮮)'이라는 구절에 잘 나타나 있다. 이 구절은 '큰 나라를 다스리는 것[治大國]은 작은 물고기[小鮮]를 삶는 것[烹]과 같이 해야 한다'는 뜻이다. 작은 멸치를 삶을 때 너무 푹 삶아 버리면 형체가 없어져 죽이 되고 만다. 그렇다고 너무 살짝 삶으면 익지 않는다. 이처럼 큰 나라를 다스리는 일은 조심스럽게 불 조절을 하여 작은 생선을 삶듯 하는 것이 노자가 말한 이상적인 정치의 모습이었다. 노자의 생각을 이어받은 한비자는 무조건적으로 법을 강제할 것이 아니라 현실에 맞게 적용해야 사회가 조화롭게 작동된다고 생각했다.

한비자는 인간에 대한 태도 또한 현실적이었다. 공자를 계승한 맹자는 인간의 본성을 착하다고 보았다. 반면 노자는 인간 또한 자연의 일부이기 때문에 착하거나 나쁘다고 볼 수 없다고 말했다. 왜냐하면 어떤 것이 좋다 나쁘다, 혹은 착하다 착하지 않다고 말하는 것은 모두 인간을 기준으로 판단하는 것이기 때문이다.

노자의 생각을 이어받은 한비자는 인간의 이기적인 욕심이 결국 인간을 악하게 만든다고 보았다. 인간의 본성에 대해 한비자는 자신이 낳은 아이가 아들일 경우와 딸일 경우 부모가 취하는 행동의 차이를 예로 들어 설명했다.

> 부모가 자식을 대하는 데 남아를 출산하면 서로 축하하고 여아를 출산하면 슬퍼한다. 모두 부모의 품에서 나오지만 남아가 축하받고 여아가 외면당하는 것은 부모가 노후의 편안함을 고려하여 장래의 이익을 계산한 것이다. 따라서 부모는 자식을 계산하는 마음으로 대하는 것이다.
>
> – 『한비자』 「육반(六反)편」 중에서

오늘날까지 이어지는 남아선호 사상에 대해 한비자는 근본적인 이유를 명확하게 지적했다. 동양에서는 기원전 11세기부터 가부장제가 확립되기 시작했다. 당시 농업 기반 사회에서 가장 중요한 것은 노동력, 즉 일할 사람이었다. 여기서 아들과 딸의 차이가 나타났다. 아들은 결혼해서 일할 사람을 데려왔다. 하지만 딸은 결혼하면 다른 집으로 가 버리니 집안의 노동력이 줄어들었다. 그래서 부모들은 딸보다 아들을 선호했다. 딸을 낳으면 애써 키워 남에게 주어야 한다는 생각 때문에 낳자마자 죽이기까지 했다. 반대로 아들을 낳으면 나중에 노동력에 보탬이 되었으므로 축하해주었다. 오늘날 선진국에서 남아선호 사상이 사라진 이유는 노동력에 근거한 농업중심 사회를 벗어났기 때문이다.

한비자가 현실을 냉철하게 분석한 또 하나의 사례는 인간의 용기에 대한 것으로, 한비자는 용기 또한 각 개인의 이익에서 나온다고 말했다.

> 뱀장어는 뱀과 같고 누에는 벌레와 같다. 사람은 뱀을 보면 놀라고, 여자들은 벌레를 보면 소름이 돋는다. 그러나 어부는 태연하게 손으로 뱀장어를 잡고 누에치는 여인은 아무렇지 않게 누에를 만진다. 이익이 되는 일이라면 누구나 용사가 되는 것이다.
>
> – 『한비자』, 「설림(說林)편」 중에서

인간은 자신의 이익을 위한 것이라면 세상을 보는 방식까지 변화시킨다. 뱀이나 벌레조차 아무 거리낌 없이 만질 수 있다. 이처럼 인간의 본성을 현실적으로 파악한 한비자는 과거 공자가 그랬듯 춘추전국 시대 이전의 주나라로 돌아가자고 강조하지 않았다. 또 맹자가 그랬듯 인간의 착한 본성을 회복할 것을 주장하지도 않았다. 단지 각자가 현실적 이익을 취하자고 했다. 인간의 이익 추구를 있는 그대로 인정했다는 면에서 보면 약 2,000년 뒤 서양 자본주의의 이론적 토대를 만든 애덤 스미스에 비견되는 천재성을 보여준 것이다.

한비자가의 주는 7가지 지혜

한비자가 생각한 법은 군주를 포함한 모든 인간이 따라야 하는 것이었다. 이런 면에서 보았을 때 현실적인 평화를 얻기 위해서는 군주의 거짓말조차 당연시한 마키아벨리와 달랐다. 그럼에도 불구하고 한비자는 군주의 현실적인 자세를 많이 강조했기 때문에 종종 마키아벨리와 같다는 말을 듣곤 한다. 한비자는 그의 책에서 군주가 부하를 통솔하는 7가지 방법에 대해 다음과 같이 말했다.

첫째, 신하의 여러 가지 말을 서로 비교하며 관찰한다.
둘째, 죄 있는 자는 반드시 벌하여 군주의 힘을 보여준다.
셋째, 공을 세운 자는 반드시 상을 주어 그 능력을 십분 발휘하게 한다.
넷째, 신하의 말을 한 번 들으면 그것으로 만족하지 말고 실행하여 성공하도록 강구한다.
다섯째, 신하에게 의심스러운 명령을 내려 그를 시험한다.

여섯째, 알고 있으면서도 모르는 척 신하에게 묻는다.

일곱째, 생각과는 반대되는 말을 하여 본래 원하던 일을 이룬다.

– 「한비자」「내저설(内儲說)」 중에서

한비자가 「간겁시신(姦劫弑臣)편」에서 주로 말했던, 임금을 죽이는 간사한 신하에 대한 대비책이다. 간사한 신하는 군주가 옳다고 여기는 것은 찬성하고 그르다고 생각하는 것은 반대하면서 군주의 신임과 총애를 추구해 자신의 욕심을 채운다. 간신은 군주를 위험에 빠뜨릴 수 있기에 군주는 이런 점을 잘 알고 법을 엄격하게 시행해야 간신을 물리칠 수 있다고 한비자는 말했다.

나라를 잘 다스리기 위해서는 엄하고 무겁게 법을 시행하여 강자가 약자를 능멸하지 못하게 하고, 다수가 소수에게 포악하게 대하지 못하게 하며, 신하가 군주를 두려워하게 만드는 방법을 써야 한다. 그저 백성을 위한다고 형벌을 줄여주는 것은 백성에겐 당장 좋을 수 있지만 결국 백성과 나라를 위험에 빠트린다는 것이 한비자의 생각이었다.

한비자의 생각을 한 개인의 입장에서 이 사회를 성공적으로 살아가기 위한 방법에 맞추어 정리해보면 크게 일곱 가지로 요약할 수 있다. 그것은 바로 혁(革), 해(解), 용(用), 법(法), 술(術), 이(理), 세(勢)이다.

'혁(革)'이란 혁명이라는 말에서 알 수 있듯 끊임없이 변화를 추구해야 한다는 뜻이다. 끊임없이 변화를 추구한다는 말은 변화

그 자체를 만드는 것만 아니라 변화해가는 현실을 직시하는 것을 뜻한다. 과거에 얽매여 변화하는 현실을 직시하지 못한다면 그것은 혁이 될 수 없다.

두 번째는 '해(解)'이다. 변화하는 현실을 올바로 이해하는 것이다. 문제의 원인이 무엇인지, 그 원인이 자신에게 있는지, 환경에 있는지를 먼저 파악해야 한다. 그후에 문제를 해결하려는 자세를 가져야 한다.

세 번째인 '용(用)'은 쓸 '용' 자이다. 문제를 해결하기 위해서는 실질적이고 현실적으로 사용할 수 있는 해결책을 제시해야 한다. 추상적이고 막연한 과거의 원칙만 강조해서는 안 된다. 문제의 원인이 자신에게 있는지 환경에 있는지를 파악했다면 그 원인을 하나씩 제거하는 작업을 해야 한다.

네 번째는 한비자가 가장 중요시했던 '법(法)'이다. 법이란 각 개인의 의지와 판단을 뛰어넘는 원칙이다. 법은 인간이 만들었지만 인간을 강제하는 힘을 갖는다. 문제의 원인이 어디에 있는지를 파악한 후, 그것을 제거하는 과정에서 의지가 약해질 수 있다. 이때 필요한 것이 스스로를 강제하는 법(규칙)을 만드는 일이다.

다섯 번째는 '술(術)'이다. 이는 단순하게 법의 원칙만 강조하는 것이 아니라 현실에 맞게 기술적으로 적용해야 함을 말한다. 원칙은 하나일지 모르지만 그것이 적용되는 방식은 상황에 따라 다양해질 수 있다. 그러므로 그런 기술적인 요소를 갖추는 것이 중요하다.

여섯 번째는 '이(理)'이다. 한비자가 도(道)와 함께 강조했던 것이

바로 '이'이다. 이(理)는 앞서 한비자가 이야기했듯 모든 만물을 하나로 끌어안는 도에 대비되는 개념으로, 각각의 사물이 갖는 이유이자 근거이다. 우리는 모든 현실을 도의 안목에서 보고, 동시에 개별적인 상황에 맞는 이치를 깨달아야 한다. 문제해결에서 가장 중요한 일은 바로 이유를 찾아 분명하게 하는 것이다.

마지막은 '세(勢)'이다. 세력이라는 말에서 쓰듯 세(勢)는 '기세' 혹은 '여러 사람의 무리'를 뜻한다. 자기 혼자 모든 것을 이루려 하지 말고 함께 성취해 나가는 자세가 필요하다. 같은 의지를 가진 친구들과 어울려 경쟁과 협력을 하다보면 문제를 해결하는 데 큰 도움이 될 것이다.

후흑학으로 재탄생하다

'인간은 근본적으로 이기적'이라는 한비자의 성악설은 중국 청나라 말기에 태어나 중일전쟁 막바지에 사망한 학자 리쭝우(李宗吾, 1879~1944)에 의해 '후흑학(厚黑學)'으로 재탄생했다. 후흑학은 현대적 처세술의 원조라 할 수 있다. 후흑(厚黑)은 '면후(面厚)'와 '심흑(心黑)'을 합성한 말이다. '면후'는 두꺼운 얼굴이니 '뻔뻔함'을, '심흑'은 검은 마음이니 '음흉함'을 뜻한다.

'얼굴이 두껍고 마음이 검어야 한다'고 주장하는 후흑학에서는 역사 속 '영웅호걸이란 한낱 뻔뻔하고 음흉한 자에 불과하다'고 했다. 후흑학에 따르면 '심흑'의 대가는 『삼국지』에 등장하는 조조이다. 조조는 "남에게 버림을 받으니 차라리 내가 먼저 남을 버리겠다"고 말했다. 이는 '심흑', 곧 자신의 속마음을 직접적으로 드러내지 않는 음흉함에 해당한다. 유비는 어려운 일을 당할 때마다 상대방을 붙잡고 대성통곡하여 자신의 뜻을 관철한 것으로 유명하다. 이는 '면후', 곧 뻔뻔함에 해당한다. 둘 다 근본적으로 이기적이다.

한편, 항우는 인(仁)에 집착하여 속이 시커멓지 못하고, 수모를 참지 못하여 뻔뻔하지도 못했다. 그는 후세에 욕을 먹을까 두려워 홍문의 연회에서 유방을 죽이지 못했다. 항우야말로 순진한 박백(薄白)의 대표적인 인물이다. 반면 유방은 항우가 자신의 아버지를 삶아 죽이겠다고 협박하자, 그 국물을 한 사발 달라고 대꾸했다. 또한 개국 후에는 공신들을 태연하게 토사구팽시켰다. 리쭝우에 의하면 유방이야말로 후흑의 대표적인 인물이다.

리쭝우의 후흑학은 이상주의를 지양하고, 현실주의적 접근을 통해 승리를 추구한다는 면에서 마키아벨리의 『군주론』과 일맥상통한다. 리쭝우는 한비자의 생각을 역사 속 인물에 적용했다. 하지만 리쭝우와 달리 한비자의 생각은 우리 사회를 전체적으로 볼 수 있게 해줄 뿐만 아니라 개인이 어떤 자세로 삶을 살아야 하는지 일깨워주고 있다. 결과를 위해 남을 의식하는 뻔뻔함, 음흉함보다 중요한 것은 자기 자신을 이겨내 강해지는 것이다.

知人者智, 自知者明. 勝人者有力, 自勝者强

(지인자지, 자지자명. 승인자유력, 자승자강)

남을 아는 자는 지혜롭고, 자기 자신을 아는 자는 명석하다.
남을 이기는 자는 힘이 있고 자기를 이기는 자는 강하다.

– 노자 「도덕경」 33장에서

한비자가 강조한 것은 바로 공자의 극기(克己), 혹은 노자가 말한 자승(自勝)이었다. 남을 이기는 것보다 자신을 이기는 것이 더욱 힘들다. 자신을 이기는 것은 스스로 갖고 있는 동물적 한계에서 벗어나는 일이다. 동물은 당장의 만족에 충실할 뿐이다. 그러나 우리는 한계를 극복하기 위해 자기 자신을 다른 관점에서 역지사지(易地思之)하는 능력을 키워야 한다. 이를 인간만이 가진 능력인 '반성(反省)적 사고'라고 한다. 다시 말하면 거울을 보듯 자기 자신을 되돌아보는 능력을 뜻한다.

한비자 기원전 약 280~233년 ✳───────────────

전국 말기 한나라 왕의 서자로 태어났다. 한비자가 살던 당시 기원전 234년에 진나라 왕 정(훗날 진시황)이 군사를 동원해 한나라를 공격했다. 오랫동안 천하통일을 위해 싸워온 진은 6국을 무너뜨리기로 결심했는데, 그중 가장 약한 한나라를 먼저 공격한 것이다.

한편 진왕 정은 천하통일이라는 숙원을 이루기 위해 인재를 적극 등용했다. 그는 한비자가 쓴 『고분』과 『오두』를 읽고, 이 책을 쓴 자는 자신의 과업을 이루기 위해 꼭 필요한 사람이라고 생각했다. 그는 한비자의 친구지만 한비자에게 질투심을 느껴온 이사(李斯)에게 "이 사람을 만나 이야기해볼 수 있다면 여한이 없겠다!"고 말했다. 이에 이사는 "이 것은 한비자란 자가 쓴 책입니다"라고 이야기해주었다. 그러자 진왕 정은 한비자를 얻기 위해 한나라를 공격했다. 그러고는 한비자를 사신으로 보내줄 것을 요구했고, 한나라 왕은 이를 받아들여 비범한 한비자를 사신으로 보냈다. 그러나 한비자는 한나라 사람이므로 진나라에 위협이 될 것이라는 이사의 꾐에 넘어간 진왕 정은 한비자에게 사약을 내렸고, 한비자는 그것을 마시고 죽음에 이르렀다.

───────────────────────────────

part 2

서양사상

1

소크라테스,
너 자신을 알라

Socrates

영혼을 증명하다

'너 자신을 알라'고 강조한 소크라테스(기원전 470~기원전 399)는 고대 그리스의 철학자이다. 그는 아테네에서 태어나 죽는 순간까지 일생을 끈질긴 질문과 지치지 않는 토론으로 일관한, 서양 철학사의 위대한 인물이다. 그와 견줄 수 있는 동양의 철학자인 공자는 기원전 551년에 태어났으니 공자가 대략 80년 먼저 태어난 셈이다. 이 정도면 거의 동시대 사람이라고 볼 수 있다. 두 사람의 공통점은 평균 이상으로 덩치가 크고 평균 이하로 못생겼다는 점이다. 소크라테스의 외모는 흉상이 남아 있으니 쉽게 확인할 수 있다. 공자의 초상화는 많이 미화되어 있는데, 사실은 공자의 이름인 '공구(孔丘)'에서 알 수 있듯 이마가 언덕처럼 툭 튀어나오고 앞니 역시 그에 못지않게 튀어나왔다고 한다.

평균과 다른 신체조건이 그들로 하여금 스스로에 대해 생각하도록 만들었을까? 그렇다면 열등감을 극복한 인간 승리라고 할 수 있다. 하지만 그들은 '나'에 대한 생각에서 머물지 않고 '인간' 전체로 사고를 확장시켰다. 그래서 오늘날 위대한 사상가가 될 수 있었다. 이처럼 열등감은 생각하기에 따라 위대함의 씨앗이 될 수도, 좌절감의 토양이 될 수도 있다. '인간' 전체로 확장된 '나는 누구인가?'라는 질문에 공자는 '인(仁)'이라고 답했다. 인을 행하는 것이 곧 인간이라는 뜻이다. 그럼 소크라테스는 무엇이라고 답을 했을까?

오늘날 현대인이라면 누구나 인간은 육체와 영혼으로 이루어져 있다는 사실을 상식으로 알고 있다. 하지만 이것이 과연 당연한 것일까? 당연하다면 왜 당연할까? 살펴보고 증명해봐야 한다. 더군다나 영혼은 보이지도, 만질 수도 없지 않은가. 보이지 않고 만질 수 없는 영혼의 존재를 처음 증명한 사람이 바로 소크라테스이다. 우리 생각의 중요한 한 부분을 이뤄낸 것이다.

소크라테스가 '너 자신을 알라'고 외친 것은 바로 '인간은 육체와 영혼'으로 이루어져 있다는 점을 알라는 뜻이었다. 이를 증명하기 위해서 소크라테스는 자신의 무지를 깨닫는 것을 출발점으로 하는 문답법(산파술)을 사용했다. 사실 그 증명 방식은 알고보면 너무나 쉽고 간단해서 허탈하기까지 하다. 그러나 그 영향력은 소크라테스를 모르는 사람에게까지 전해져 오늘날에 이르렀다. 자, 아래의 인용문을 보며 소크라테스가 어떻게 보이지 않고,

만질 수 없는 영혼의 존재를 증명했는지 살펴보기 바란다.

소크라테스   그렇지만 사용하는 사람과 사용되는 것은 다르지 않
은가? 갖바치가 굽은 칼과 곧은 칼 또는 다른 도구를
이용해 가죽을 자르듯 말일세. 그러니 사용하고 자르
는 사람 다르고, 자를 때 사용되는 것 다르지 않은가?
그러면 우리는 갖바치에 대해 뭐라고 말하는가? 도구
만 사용해서 자른다고 말하는가, 아니면 손도 사용해
서 자른다고 말하는가?

알키비아데스   손도 사용한다고 하죠.

소크라테스   그러니 그는 손도 사용하는 것인가? 눈도 사용해서 신
발을 만드는가? 그런데 사용하는 사람과 사용되는 것
이 다르다는 데 우리는 동의하지? 그러니 갖바치와 기
타 연주자는, 작업이나 연주를 할 때 사용하는 손과
눈과는 다르지? 신체 전부도 사람이 사용하는 것이
지? 그러니 사람은 자신의 신체와 다르지? 그러면 도
대체 사람은 무엇인가? 그래도 신체를 사용하는 쪽이
라는 점만큼은 자네가 말할 수 있네. 그러니까 영혼
말고 다른 무엇이 그것을 사용하겠는가?

알키비아데스   다른 것이 아니라 영혼이 사용하죠.

소크라테스   영혼이 다스리면서겠지? 사람은 적어도 셋 중에 하나
가 아닌가 하네. 영혼, 신체, 그리고 이 둘이 합쳐진 전
체 말일세. 하지만 신체를 다스리는 것은 바로 인간이

라는 데는 우리가 동의했었지? 그러면 신체가 바로 스스로를 다스리는가?

알키비아데스 전혀요.

소크라테스 그것은 다스려진다고 우리가 말하기 때문일세. 그러니 이것만큼은 우리가 찾고 있는 것이 아니군. 그렇기 때문에 둘이 합쳐진 것이 신체를 지배하며, 이것이 사람인 것인가?

알키비아데스 아무래도 그런 것 같습니다만.

소크라테스 무엇보다도 그것은 아닐 걸세. 어느 한쪽이 다스림에 참여하지 않는다면, 둘이 합쳐진 것이 다스릴 방도는 전혀 없을 테니까. 사람은 신체도, 둘이 합쳐진 것도 아니니, 내 생각에는 아무것도 아닌 것이거나, 그것이 무엇이긴 하다면 영혼 말고 다른 게 아니라는 결론이 남는군.

알키비아데스 바로 그렇습니다.

소크라테스 그러니 아직까지 영혼이 사람이라는 것에 관해 이 이상 분명하게 자네에게 논증할 필요가 있겠는가? 그러니 자신을 알라고 명하는 자는 우리에게 영혼을 알라고 시키는 걸세. 그러니 신체에 속하는 것 중에 무엇인가를 아는 사람은 자신에게 속하는 것을 아는 사람이지, 자신을 아는 사람은 아닐세.

- 플라톤 『알키비아데스』 중에서

어떻게 소크라테스가 보이지 않고, 만질 수 없는 영혼의 존재를 증명했는지 발견했는가? 인용문 마지막 줄의 '자신에게 속하는 것'과 자신에게 속하는 것을 사용하는 영혼의 구분이다. 소크라테스에게 '자신을 아는 사람'은 영혼의 존재를 확실히 알고 있는 사람이다. 소크라테스는 영혼의 존재를 확실히 알고 있어야만 육체에 갇히지 않고 진정한 인간이 될 수 있다고 생각했다. 소크라테스에게 영혼은 단순한 영혼이 아니라 이성(理性)이었으며, 그것이 곧 진정한 나이자 인간이었기 때문이다. 소크라테스가 '너 자신을 알라'고 외친 이유이다.

이성은 무엇인가? 어렵게 생각하지 말자. 이성은 생각하는 것이다. 그러니까 생각하는 사람만이 진정한 사람이 된다. 음, 왠지 익숙한 말 아닌가? 그렇다. 데카르트가 한 말이다. '나는 생각한다, 고로 나는 존재한다'고. 훗날 소크라테스와는 다른 방식으로 '인간이란 무엇인가?'를 증명해낸 사람이 바로 데카르트이다. 두 사람 다 인간에 대해 연구하고 밝혀냈다. 그래서 서양 고대 사상의 시작이 소크라테스라면 근대 사상의 시작은 데카르트가 된다. 데카르트는 소크라테스와 마찬가지로 위대한 사람이 된 것이다.

데카르트에 대한 이야기는 다음에 하고 우선 소크라테스의 증명 방식을 살펴보자. 간단하다. '사용하는 것'과 '사용되는 것'의 구분을 이용한 것이다. 인간이 사용하는 도구는 저절로 사용되지 않는다. 그것을 '사용하는 사람'이 필요하다. 도구와 마찬가지로 인간의 신체 또한 저절로 움직이는 것이 아니라 '사용하는 것'이 필요하다. 나의 신체를 사용하는 무언가가 분명 있어야 하는

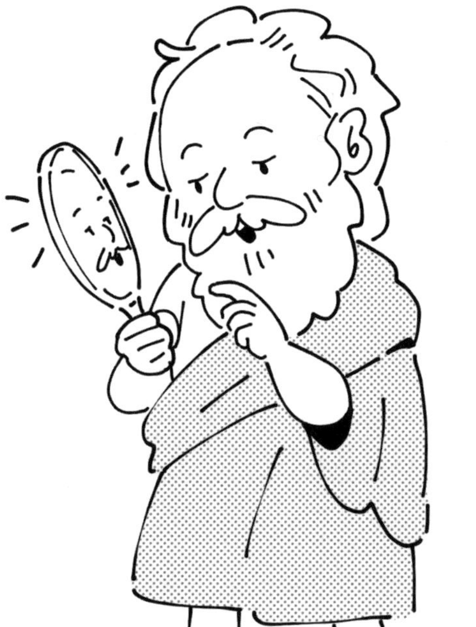

데, 그것이 바로 영혼이다. 비록 눈에 보이지 않고 만질 수도 없지만 생각이나 의지처럼 육체를 사용하는 것이 확실히 있지 않은가. 말장난 같기도 하고 너무 간단하지만 그럴듯하다. '사용하는 것'과 '사용되는 것'의 구분이 분명한 한, 소크라테스의 증명 방식을 거부하기는 불가능하다.

물론 오늘날 진화심리학이나 뇌과학, 그리고 현대철학의 관점은 이와 다르다. '사용하는 것'과 '사용되는 것'의 구분이 현실 속에서 명확하지 않은 것이 있기 때문이다. 그 대표적인 예가 바로 인간의 뇌이다. 오늘날 과학은 인간의 뇌를 단순한 도구로 보지 않는다. 뇌가 도구라면 그 뇌를 사용하는 것은 무엇이며 어떻게 사용한단 말인가? 물론 소크라테스의 답은 영혼이었다. 뇌과학이 최근 20년 동안 발전한 학문이라는 점을 고려해보면 2,000년 전 소크라테스의 단순 명쾌한 설명 방식은 여전히 설득력 있다.

아무튼 소크라테스가 '너 자신을 알라'고 외치며 인간은 육체와 영혼으로 이루어졌다고 증명한 것은 이후 제자인 플라톤과 아리스토텔레스를 거쳐 발전을 거듭하며 오늘날 서양 사상의 가장 커다란 기둥을 이루었다. 인간은 '육체와 영혼'으로 나누어졌으며, 영혼만이 진정한 인간으로 중요하다는 생각을 발전시키며 극복하는 과정이 바로 서양 사상이기 때문이다.

죽음을 앞두고 빚을 갚다

소크라테스의 철학은 그의 범상치 않은 죽음으로 완성되었다. 그는 죽는 순간까지 많은 가르침을 주었다. 소크라테스가 직접 책을 쓰지 않았지만 다행히 제자 플라톤이 재판 과정에 대해 자세히 쓴 글이 남아 있다. 『에우티프론』, 『소크라테스의 변명』, 『크리톤』, 『파이돈』 네 편인데, 대화 형식으로 쓰여 있어서 『대화편』이라고 부른다. 이 네 편은 각각 감옥에 갇히기 전에 법정으로 가는 소크라테스, 재판 과정, 감옥에서 친구들을 만나 나눈 대화, 죽음을 맞는 소크라테스의 모습과 영혼에 관한 그의 생각을 보여준다. 아래의 글은 『파이돈』에 실린 것으로 소크라테스가 죽는 순간을 기록한 내용이다. 오늘날 우리가 상식처럼 받아들이고 있는, 인간은 보이는 육체와 보이지 않는 영혼이 결합되어 이루어져 있다는 생각과 함께 육체와 영혼이 각각 어떤 특징을 갖고 있는지 서술했다.

소크라테스   오, 나의 벗이여. 육체로부터 영혼이 분리되고 해방되는 것을 죽음이라고 하는 것이 아닌가?

심미아스   그렇지요.

소크라테스   참된 철학자만이 오로지 영혼을 이와 같이 해방시키려 하지. 육체로부터 영혼을 분리하고 해방시키는 것이야말로 철학자들이 특별히 마음을 쓰는 일이 아닌가?

심미아스	확실히 그렇습니다.
소크라테스	그리고 내가 처음에 말한 것처럼 될 수 있는 대로 죽음의 상태에 가깝게 살려고 애쓰던 사람이, 막상 죽음을 맞이하면 그것을 마다하는 것은 우스운 일이 아닌가?
심미아스	그렇지요.
소크라테스	심미아스여, 참 철학자는 늘 죽는 일에 마음을 쓰고, 따라서 모든 사람 가운데 죽음을 가장 덜 무서워하는 자이네. 이렇게 생각해보세. 그들이 늘 육체와 싸우고, 영혼과 더불어 순수해지기를 원했다면 말이야. 그들의 소원이 성취되어 하데스(죽음 이후의 세계)에 도착하면 이 세상에서 바라던 지혜를 얻게 될 희망이 있고, 동시에 그들의 원수였던 육체와 함께 있지 않게 될 걸세. 그런 곳으로 떠나려 할 즈음에 기뻐하지 않고 도리어 떨고 싫어하는 것처럼 모순된 일이 또 어디 있겠는가? 많은 사람이 그곳에 가면 지상에서 사랑하던 사람이나 아내, 자식을 만나 함께 지내게 되리라는 희망으로 죽기를 원했던 것이 사실이야. 그렇다면 참으로 지혜를 사랑하는 이로서, 그리고 저 하데스에서만 지혜를 보람 있게 향유할 수 있다고 확신하는 사람으로서 어떻게 죽음을 싫어하겠는가? 오히려 큰 환희 속에서 저승으로 떠날 것이 아닌가? 오오 나의 벗이여, 만일 그가 참된 철학자라면 그럴 것일세. 그는 저 세상에서, 그리고 그곳에서만 순수하게 지혜를 발견할 수

있다는 굳은 확신을 가지고 있으니 말일세. 사리가 이렇다고 하면 내가 말한 것처럼, 참된 철학자가 죽음을 두려워한다는 것은 당치 않은 소리일 걸세.

심미아스   정말 그렇습니다.

소크라테스   그러니 죽음이 가까워 올 때 죽기를 주저하는 사람이라면, 그 사람이 육체를 사랑하는 자인 것은 더 말할 여지가 없지 않은가?

심미아스   네, 그렇습니다.

소크라테스   오, 심미아스. 그러면 용기는 특별히 철학자만 가지고 있는 특이한 성질이 아닌가?

심미아스   그렇고말고요.

- 플라톤 『파이돈』 중에서

위 글에 이어지는 마지막 장면은 소크라테스가 태연히 독배를 마신 후, 아스클레피오스에게 닭을 빚졌다며 대신 갚아 달라고 친구에게 당부하는 내용이다. 소크라테스라면 '너 자신을 알라'와 독배를 마시고 죽었다는 것밖에 모르는 사람은 이 장면을 두고 흔히 그가 죽기 직전에 빚을 깨끗이 청산했다고 생각할 것이다. 그런데 여기서 등장하는 아스클레피오스는 사람이 아니다. 아스클레피오스는 의학의 신으로, 그의 신전에서 치료받은 사람은 닭을 대가로 바쳐야 했다. 소크라테스는 자신의 죽음을 치료의 과정으로 본 것이다. 어떤 치료일까?

소크라테스는 원수 같은 육체에서 순수한 지혜인 영혼이 해방되는 순간을 죽음이라고 생각했다. 낡은 도구를 버리는 과정이기에 죽음은 그에게 끝이 아니라 새로운 시작이었다. 늙고, 병들고, 굼뜨며, 변화하는 육체를 벗어던지는 치료의 과정이었다. 그 결과 죽음은 나쁜 것이 아니라 좋은 것이었다. 그러니 죽음을 두려워할 필요가 없고, 자신의 생각을 버리면서 피할 대상도 아니었다. 실제로 소크라테스는 사형 직전에 탈출할 수 있었고, 자신의 철학을 버리면 사형을 취소해준다는 제안도 받았다. 하지만 영혼은 영원하고 아름다우며 선한 것이고, 육체는 늙고 추해지는 것이므로 인간은 육체의 한계를 벗어나 영혼의 세계로 나아가야 한다고 생각한 소크라테스는 그것을 거부했다. 이러한 그의 생각은 이후 플라톤과 아리스토텔레스를 거쳐 중세 기독교의 핵심 교리가 되었다. 훗날 니체는 살아 있는 육체를 거부하고 죽음 후의 영혼을 추종하는 어두운 그림자를 2,000년 넘는 철학사에 남겨 놓았다는 이유로 소크라테스를 혹독하게 비판했다. 그래서 소크라테스를 서양 사상의 출발점이라고 한다면, 니체는 서양 사상의 마무리가 된다.

인간이 던질 수 있는 질문 3가지

지금까지 인류의 모든 지식과 정보들을 다 모아, 아니 500만 년 전 유인원에서 분화된 이후부터 축적된 본능적 습관을 모두 동원하여 인간이 던질 수 있는 질문을 해보자. 그 수많은 질문은 다음 세 가지로 압축할 수 있다. '인간이란 무엇인가?', '세계란 무엇인가?', 그리고 '인간과 세계의 관계는 무엇인가?'이다.

인간이 살면서 느끼는 모든 궁금증과 호기심은 이 세 가지 질문으로 수렴되고, 위대한 사상가들의 지혜와 수많은 과학자들의 발견 또한 이 세 가지 질문에 대한 것이다. 인류가 존재하는 한, 인간·세계·관계에서 벗어나는 질문은 단연코 없다. 우리가 초월자라고 알고 있는, 그리고 믿고 싶은 신(神) 또한 인간·세계·관계라는 세 가지 질문에 답하기 위해 인간에 의해 만들어진 존재이다.

그런데 인간·세계·관계라는 세 가지 질문은 질문에서 끝나지 않는다. 인간·세계·관계 중에 중요한 것은 무엇일까? 위대한 사상가들의 지혜는 셋 중에 어느 한 가지를 선택한 것이다. 아무리 어려운 이야기를 한다 해도 반드시 그렇다. 그러니 위대한 사람들은 당연히 어려운 이야기를 했을 것이라고 주눅들 필요가 없다. 세 가지 중에 하나니까. 찍어도 맞을 확률은 약 33퍼센트이다. 소크라테스는 그중에서 인간을 선택했다.

나는 인간이고, 나를 둘러싼 모든 것은 세계이다. 나와 나를 둘러싼 모든 것은 당연히 구분되고 연결되어 있다. 이렇게 구분되면서 동시에 연결되기 위해서는 제3의 것이 필요한데 그것이 바로 '관계'이다. 인간과 세계의 관계에는 많은 것이 있지만 그중 '노동'과 '언어(문자)'가 대표적이다. 수렵·채취·알바 등 노동을 통해서 인간은 세계와 생존관계를 유지해왔고, 언어를 통해 세계를 이해하고 표현해왔다.

인간·세계·관계 중에서 '인간'을 선택한 소크라테스와 달리 현대 철학에서는 '관계'를 선택했다. 그래서 오늘날 현대 철학은 '(인간)주체의 죽음'을 강조한다. 인간이 언어를 통해 세계를 이해하고 표현한다면, 그 인간은 어떻게 만들어지는가? 현대 철학자 중 자크 라캉은 언어가 인간의 주체성을 만든다고 보았다. 1세 이전의 아이는 언어 사용이 불가능하므로 나와 나를 둘러싼 세계를 정확히 분리하여 인식하지 못한다. 하지만 이후 언어를 통해 나와 나를 둘러싼 대상을 지칭하며 나와의 분리가 이루어지고, 주체가 만들어진다. 이처럼 동물과 다른 주체성을 갖는 인간의 특징은 언어와의 관계 속에서 만들어진다. 그래서 '관계'를 떠난 순수한 의미의 인간 주체는 있을 수 없다고 말한다. 나의 생각이란 곧 나의 언어이고, 내가 아는 나의 언어가 내 생각을 만든다. 영혼은 단지 거들 뿐이다.

소크라테스 기원전 470~399년 ✳───────────

플라톤의 『대화편』에 따르면 소크라테스는 아테네에서 조각가인 아버지와 산파인 어머니 사이에서 태어났다. 그는 철학적인 토론으로 남을 가르치는 일에 전념했다. 남루한 옷차림으로 광장에서 열변하는 그에게 다양한 계층의 제자들이 모여들었다. 그는 강의를 하여 부와 명성을 쌓던 당시의 소피스트와 달리 가르친 대가로 돈을 받지 않았다. 그는 자신보다 훨씬 나이 어린 크산티페와 결혼하여 세 명의 자녀를 낳았다. 크산티페가 돈을 벌어오지 않는 소크라테스를 구박했다는 등 악처였다는 설이 많지만 확실한 것은 밝혀지지 않았다.

소크라테스의 말년에 아테네에서는 기존 민주주의 세력과 스파르타의 법을 새롭게 고치고자 하는 귀족주의 간의 갈등이 계속되었다. 아테네가 펠로폰네소스 전쟁에서 패배하자 귀족주의 세력이 힘을 얻었지만, 다시 세를 회복한 민주주의 세력은 소크라테스를 귀족주의의 본보기로 처형하려고 했다. 소크라테스는 정치에 직접 참여한 적은 없지만 그의 이론은 민주주의를 비난하는 것처럼 보였고, 그의 제자와 여러 친구들이 귀족주의 편을 들었기 때문이다. 결국 소크라테스는 신성 모독과 청년을 현혹한다는 죄목으로 사형 선고를 받고 사약을 마셨다.

2

플라톤,
인간의 정신세계를 확장하다

Plato

어떻게 이데아 세계를 알 수 있을까?

소크라테스는 살아 생전 책을 쓰지 않았기에 그의 생각은 플라톤이 남긴 책으로 알 수 있다. 그래서 어디까지가 소크라테스의 생각이고 어디까지가 플라톤의 생각인지 불분명하다. 소크라테스는 육체로부터 영혼이 분리되고 해방되는 것을 죽음이라고 선언했다. 그리고 오로지 참된 철학자만이 영혼을 육체로부터 해방시키려 애쓴다고 강조했다. 죽음이란 바람직한 세계를 향한 새로운 출발점이기에, 삶에서도 육체가 아닌 영혼을 중심으로 살아야 한다고 말했다. 소크라테스의 철학은 그의 범상치 않은 죽음으로 완성이 되었다. 물론 놀라움과 충격 속에서 다시 태어난 플라톤에게는 그것이 시작이었다.

충격과 고난은 좌절과 포기를 낳지만, 치유를 위한 무언의 의지는 새로운 세계를 갈망하게 한다. 새로운 영토는 현실이 아닌 저 너머의 공간, 바로 우리의 생각 속에서 먼저 만들어진다. 인간의 영혼은 소크라테스에 의해 해방되었지만, 플라톤에 의해 '이데아 세계'로 확장되었다. 플라톤에게 이데아는 의식 저 너머의 세계가 아니라 실제 세계였다. 소크라테스의 죽음을 통해 육체가 아니라 변하지 않는 영혼을 중심으로 살아야 한다는 것을 깨달은 플라톤은 변하지 않는 진정한 세계를 설명하기 시작했다. 그것이 바로 유명한 '동굴의 비유'이다.

> 지하의 한 동굴 입구에 불이 있고, 동굴 깊숙한 곳에 어릴 때부터 손발과 목이 묶인 채 지내 온 죄수들이 있다고 하세. 그들은 묶여 있기에 고개를 돌릴 수 없어서 안쪽의 동굴 벽만 쳐다볼 수 있는데, 그 뒤쪽의 동굴 입구에서는 횃불이 타오르고 있네. 그 불빛과 죄수들 사이에는 하나의 담이 세워져 있어. 죄수들은 반사된 불빛을 통해 동굴 벽면에 비친 그림자를 쳐다보게 되지. 만약 이들이 서로 대화를 할 수 있다면, 자신이 벽면에서 보는 것이 전부라고 말하겠지?
>
> – 플라톤 「국가」 중에서

태어나서부터 계속 동굴에 갇혀 있고, 바깥세상을 구경해본 적이 없는 죄수는 진짜 사람이나 물건을 본 적이 없기 때문에 동굴 벽에 비친 그림자가 세상의 전부라고 생각한다. 플라톤의 생각에

사유왕사

우리는 이렇게 동굴에 묶여 있는 죄수와 마찬가지였다. 현실세계라는 동굴에 갇혀서 이데아 세계의 그림자에 불과한 것을 진짜라고 믿는 것이다. 만약 죄수들 중 한 명이 우연히 쇠사슬이 풀려서 동굴 바깥으로 나오면 어떻게 될까? 우선 햇빛에 눈이 부셔서 제대로 쳐다보지 못할 것이다. 설령 본다 하더라도 그것이 진짜인지 가짜인지, 꿈인지 생시인지 구분하지 못할 것이다. 그 죄수가 동굴에 되돌아가서 다른 죄수들에게 그 사실을 알리면 모두가 그의 말을 믿어줄까? 아마 믿지 못할 것이다. 처음 듣는 말이고, 증거도 없으니 말이다.

플라톤의 동굴의 비유는 장자의 우물 안 개구리 이야기를 연상시킨다. 『장자』「추수편」에 나오는 '우물 안 개구리는 바다를 알지 못한다'라는 말이 그것이다. 우물 안이 세계의 전부인 줄 아는 개구리에게 바다거북이 넓은 세상에 대한 깨우침을 준다는 내용이다. 동서양 사상의 대비가 이 '동굴'과 '우물'에서 극명하게 드러난다. 그런데 재미있게도 기원전 428년에 태어난 플라톤은 서양 사상의 출발점인 소크라테스의 제자이고, 장자는 동양 사상의 출발점인 노자의 제자이다.

동굴과 우물은 극복해야 할 제한된 공간이라는 공통점이 있다. 하지만 이를 극복하는 방법에는 결정적인 차이가 있다. 플라톤의 동굴은 현실의 비유이기에 동굴에서 나오기 위해서는 그의 주장대로 현실과 단절해야 한다. 그러나 장자의 우물은 바다와 연결되어 있다. 우물물은 결국 바다까지 연결되어 있다. 서양의 개체 중심적 사고에서는 단절을 우선하지만, 동양의 관계 중심적 사고에서는 연결을 우선하기 때문에 비유도 다른 모양이다. 그래서 서양인은 현실과 다른 저 너머의 세계(천국)를 꿈꾸지만, 동양인은 비록 찾기는 어렵지만 현실 속에 있는 무릉도원을 꿈꾼다.

소크라테스 이전의 철학자인 헤라클레이토스는 세상 모든 것이 변한다고 말했고, 파르메니데스는 세상 모든 것은 변하지 않으며, 변화란 불가능하고 환상일 뿐이라고 했다. 세상 모든 것은 변한다는 의견과 결코 그렇지 않다는 의견에 대해 플라톤은 "모든 사물은 변하지만 그 안에 변하지 않는 것이 있다"고 말했다. 소크라테스가 말한 육체와 영혼의 관계가 이와 같다. 영혼처럼 변하지 않는 것이 바로 플라톤의 이데아이다.

그렇다면 변하지 않는 이데아란 도대체 무엇일까? 지금부터는 생각을 해야 하니 머리가 조금 뜨거워질 수 있다. 먼저 '내가 그의 이름을 불러주었을 때 그는 나에게로 와서 꽃이 되었다'는 시 구절을 떠올려보자. 그저 그렇게 스쳐 지나가는 아무것도 아닌 꽃을 보며 '장미'라고 이름을 부르자, 그것은 내게 한 송이 아름다운 장미가 되었다는 뜻이다. 아무런 의미가 없던 것이 이름을 붙여주자 의미를 갖게 된 것이다. 세상의 수많은 장미 비슷한 것을 하나로 아우르는 이름, 장미. 그 이름이 곧 이데아인 셈이다. 이름을 '장미'라고도, 'rose'라고도 할 수 있지만 어쨌든 그것을 장미라고 알 수 있게 만드는 무엇인가는 있다. 그것이 바로 이데아이다. 그리고 이데아로서의 장미는 아름다움 그 자체지만 현실 속의 장미는 말라비틀어져 있을 수 있다.

또 다른 예로, 정삼각형의 이데아를 생각해보자. 정삼각형이 되

려면 세 변의 길이가 모두 똑같아야 하는데, 아무리 미세한 연필과 자를 사용해 그려도 세 변의 길이를 똑같이 그릴 수는 없다. 언뜻 보기에 똑같아 보여도 전자현미경으로 들여다보면 선의 굵기와 길이가 조금씩 다를 것이다. 컴퓨터로 프린트를 해도 마찬가지다. 돋보기로 들여다보면 잉크가 번져 있는 것이 보일 것이다. 이와 같이 정확한 정삼각형을 그릴 수 없다면 우리는 정삼각형을 본 적이 없는 셈이다.

그렇다면 삼각형을 앞에 두고 이것이 정삼각형인지, 아닌지 구분할 수 있을까? 그렇다. 그릴 수도 없고, 본 적도 없는데 어떻게 가능하단 말인가? 현실 속의 사물에는 모두 그것의 이데아가 있기 때문이다. 비록 완벽하게 똑같이 본뜰 수는 없지만, 사물이란 모두 자기 이데아를 본뜬 것이다. 그 사물이 본뜨고 있는 이데아가 무엇인지 알면 우리는 그 사물이 어떤 것인지 알게 된다고 플라톤은 설명했다. 이처럼 '변하는 것 안에 있는 변하지 않는 것'이 바로 이데아이다. 이데아란 눈에 보이지는 않지만 모든 사물이 갖는 변하지 않는 '본보기'이다.

그런데 눈에 보이지 않는 이데아를 사람은 어떻게 알 수 있을까? 그것은 인간에게 영혼이 있기 때문이다. 영혼은 인간의 이데아이고, 인간은 영혼을 가지고 있기 때문에 다른 사물의 이데아 또한 알 수 있다. 소크라테스가 말한 '인간의 영혼'이 플라톤에게는 '세상 만물의 이데아'로 확장되었다. 이 이데아 세계는 변하지 않으며 참다운 것이다.

플라톤은 '모든 사물'과 '모든 사물의 이데아'와의 관계를 '개별자'와 '보편자'라고 했다. 이 세상은 개별자로 가득 차 있다. 하지만 이데아가 원본이고 현실세계에 있는 것은 이데아의 복사본이다. 아무리 흉내를 잘 내고 복사를 잘 했다 해도 복사본은 결코 원본과 같을 수 없다. 완전한 영혼과 달리 육체처럼 불완전하다. 우리가 살고 있는 현실세계는 이처럼 불완전한 것으로 가득 차 있기에 그것에서 벗어나고자 죽음을 받아들인 소크라테스의 행동은 더 이상 충격적인 사건이 아니라 당연한 과정이다. 이후 플라톤은 인간의 정신세계를 하나씩 펼쳐 보였다.

플라톤에 의하면 인간의 정신세계에는 네 단계가 있다. 첫 번째는 억측, 그 다음은 신념과 지성, 마지막으로 사유(지혜)이다. 억측의 예로는 상상과 선입견이 있다. 근거 없이 그때그때 기분에 따라 판단하는 것이다. 신념은 억측과는 달리 판단에 근거한다. 실제로 여러 번 일어난 일을 근거로 하여 판단하는 것이다. 하지만 신념은 맞을 수도, 틀릴 수도 있다. 신념은 억측과 마찬가지로 개인적인 경험을 토대로 판단하는 것이기 때문에 그것만 갖고는 어떠한 이데아도 인식할 수 없다.

지성과 사유는 억측이나 신념과는 달리 이데아를 인식할 수 있다. 지성과 사유의 차이는 생각의 범위가 얼마나 넓은가에 있다. 지성은 한 가지 대상에 대한 이데아를 인식하는 것이다. 예를 들어 수학자가 여러 가지 삼각형 모양을 늘어놓고 '완벽한 삼각형이란 무엇일까?' 하고 고민하다가 드디어 삼각형의 이데아를 인식하는 것을 말한다. 그런데 이데아는 따로 떨어져 있는 것이 아니라 서로 관계를 맺고 있다. 각각의 이데아는 잘 결합시키면 전체적으로 만들 수 있다. 한 가지나 몇 가지 이데아를 인식하는 것을 넘어서서 이데아들을 하나의 전체로 인식하는 것이 바로 사유 과정이다. 태양이 전체를 비추듯 이데아들의 이데아인 선(善)의 이데아를 알게 되는 경우이다. 이는 참된 지식인 지혜를 얻는다는 뜻인데, 중세시대부터는 믿음의 대상인 유일신(唯一神)으로 의미가 바뀌었다.

이데아 세계를 현실에 적용하다

죽음에 대한 소크라테스의 생각은 서양 사상의 빅뱅을 이루었다. 현대 우주론의 기본이 되는 빅뱅(Big Bang)은 원래 '대폭발'이라는 뜻으로, 조롱의 의미가 담겨 있었다. 마찬가지로 소크라테스의 생각에도 긍정적인 의미와 부정적인 의미가 모두 포함되어 있다. 소크라테스 철학의 공과(功過) 중에 공은 소크라테스 이전까지 인간 외부의 자연에 몰두했던 자연철학을 인간의 마음(영혼)으로 전환시켰다는 점이다. 과는 인간의 마음을 지나치게 강조한 나머지 몸(육체)을 멸시했다는 점이다.

우리말 '마음'과 '몸'은 모두 '몸'에서 유래한 말로, 소크라테스 철학에서와 같은 단절이 없다. 하지만 플라톤은 소크라테스의 생각을 공과 구분 없이 확장시켰다. 놀라움과 충격 속에 있었으니 당연한 일이다. 나중에 살펴보겠지만 이것이 바로 빅뱅의 놀라움과 충격에서 한발 떨어져 있던 아리스토텔레스와 플라톤의 차이점이 된다.

소크라테스의 빅뱅은 플라톤에 의해 서양 사상 전체로 확장되었다. 플라톤에 의해 소크라테스가 부활한 것이다. 소크라테스가 증명한 영혼은 플라톤의 이데아 세계로 확장되었고, 개인을 강조한 소크라테스에 이어 플라톤은 국가를 강조했다. 영혼이 머무르는 이데아 세계, 그리고 개인이 머무르는 국가가 그것이다.

개인의 영혼을 발견(발견인지 발명인지에 대해서는 논란이 일기도 했다)한 소크라테스에 이어 플라톤은 영혼이 머무르는 이데아 세계를 발견했다. 그리고 플라톤은 이데아 세계를 현실에 적용시킨 국가를 강조했다. 펠로폰네소스 전쟁(기원전 431~404년, 아테네와 스파르타 사이의 전쟁)에서 패한 후, 아테네의 자랑인 민주주의가 망가지기 시작하자 이를 대체할 새로운 국가 제도를 구상한 것이다.

민주주의 시대의 아테네에서는 성인 남자라면 누구나 정치에 참여할 수 있었다. 정치 지도자가 아니더라도 민회(우리나라 국회 같은 곳)에 참석할 수 있었다. 여기서 말 잘하는 사람이 나서서 연설이라도 하면 민회를 자기 뜻대로 움직일 수 있었다. 또 나라 일을 할 사람을 선거로 뽑기도 했지만 추첨으로 뽑기도 했으니 운만 좋으면 아무리 무지한 사람이라도 나라 일을 할 수 있었다.

하지만 플라톤의 생각에 이런 제도는 자격 없는 사람이 자기 멋대로 나라를 다스리게 만드는 문제점을 지니고 있었다. 게다가 당시 아테네는 사회적으로 매우 혼란스러웠고, 사람들은 나라보다 자신의 이익을 챙기는 데 급급했으니 더욱 그렇게 보였을 것이다. 그래서 플라톤은 철인(哲人), 즉 철학자가 나라를 다스려야 한다고 생각하게 되었다. 이런 생각으로 쓴 글이 바로 『국가』였다.

플라톤의 『국가』에 따르면 인간은 태어나기 전부터 마치 올림픽 경기의 금, 은, 동메달처럼 금족, 은족, 동족으로 결정되어 있었다. 이것이 결정되는 근거는 이데아 세계에 대해 얼마나 많이 알고 있는가였다. 인간이 태어나려면 영혼만 있는 저 너머의 이데아 세계에서 현실세계로 와야 하는데, 그 사이에는 망각의 강인 레테가 있었다. 레테강을 건너는 도중에 이데아 세계를 모두 잊어버릴 정도로 망각의 물을 많이 마시면 동족이 되는 것이었다. 이렇게 인간은 태어날 때부터 각자 타고난 지혜가 다르기 때문에 하는 일이 달라야 하고, 따라서 갖추어야 하는 덕목도 달랐다.

금족은 나라를 다스리는 수호자 계급이었다. 금족에게는 지혜가 있어야 했다. 은족은 전사 계급으로서 나라를 지키는 군인이었고 동족은 생산자 계급이었다. 이렇게 보니 금족이 가장 좋을 듯하다. 과연 그랬을까? 플라톤에 따르면 수호자는 그 나라 국민 중에서도 가장 지혜로운 사람이어야 했다. 그러니 가장 엄격한 교육을 끝까지 마쳐야만 나라를 통치할 자격을 얻었다.

수호자가 어떻게 되는지 더 자세히 알아보자. 우선 재능 있는 사람을 골라서 스무 살, 서른 살이 될 때까지 교육을 시키는데, 그중에서 가장 뛰어난 사람만 통치자가 될 자격을 얻었다. 여기서 끝나는 것이 아니라 다시 5년 동안 철학, 수학, 점성술, 변증법 등을 공부해야 했다. 그다음에는 세상 돌아가는 것을 배우기 위해 15년 동안 관직에 종사해야 했다. 그리고 50세가 되면 관직에서 물러나 국가의 정신적인 지도자 역할을 맡았다.

하지만 아무리 교육을 받았다 해도 통치자들이 부정부패를 일으키지 말라는 법은 없으니 미리 예방책도 만들어 두어야 했다. 그래서 플라톤은 수호자들이 재산을 소유해서는 안 된다고 했다. 심지어 가족을 꾸리는 것도 금지되었다. 가족과 재산이 있으면 아무래도 자신의 이익을 추구하게 되었기 때문이다. 돈도 못 벌고 결혼도 못한다면 누가 통치자가 되고 싶어 하겠는가. 하지만 플라톤은 사람의 본성은 얼마든지 단련할 수 있다고 생각했다. 개인의 이익을 포기하고 통치자가 되려는 사람이 반드시 있을 것이라고 그는 믿었다.

은족은 전사 계급으로서 나라를 지키는 군인이었다. 전사는 용기가 있어야 했다. 플라톤이 말하는 용기는 아무하고나 맞장 뜨는 그런 것이 아니었다. 두려워해야 할 것과 그렇지 않은 것을 구분할 줄 아는 지식이었다. 그래야 적을 두려워하지 않고 맞서 싸울 수 있었다. 그러니 아무래도 전사는 생산자보다 교육을 더 많이 받아야 했다.

동족인 생산자가 갖추어야 하는 것은 절제였다. 절제란 원하는 것이 있어도 참는 것을 말하므로 생산자뿐만 아니라 다른 계급도 익혀야 했다. 하지만 특히 생산자 계급이 절제를 익혀야 하는 이유가 따로 있었다. 바로 자기 위에 있는 통치자와 수호자에게 복종해야 하기 때문이었다. 그런데 만약 생산자 계급으로 태어났는데 다른 계급이 되고 싶어 한다면 어떻게 될까? 그러면 혼란이 일어날 것이다. 혼란을 막기 위해서는 자신에게 주어진 일을 계속하는 것이 가장 좋다고 생각하도록 해야 한다고 플라톤은 말했다.

이런 나라가 실제로 있을 수는 없다. 아무리 교육을 받는다 해도 인간이 주어진 일만 하고 다른 계급을 넘보지 않는 것이 가능할 리 없으니 말이다. 게다가 통치자도 사람인 이상 잘못을 저지르지 말라는 보장이 없다. 다른 계급은 정치에 대해 아는 것이 없으니 이를 막아줄 대책도 없다. 하지만 플라톤은 많은 사람들이 이 새로운 나라에 대해 찬성할 것이라고 생각했다. 그래서 그는 이런 말을 남겼다.

> "철학자들이 나라의 왕이 되지 않는 한, 또 반대로 왕 또는 지배자로 불리는 이들이 실제로 지혜를 사랑하지 않는 한, 즉 정치권력과 철학이 하나로 합쳐지지 않는 한 국가와 인류에게 나쁜 일이 끝날 날이 없을 것이다."
>
> **– 플라톤 「국가」 중에서**

플라톤은 소크라테스의 죽음이 준 충격을 극복하기 위해 이데아 세계를 만드는 한편, 그것을 현실에 적용시키는 방법으로 『국가』를 저술했다. 그런데 말도 안 될 것 같은 이런 생각이 1,000년 넘게 현실 속에서 시도되었으니, 바로 서양 중세시대이다. 하지만 철학 대신 종교가 그 자리를 차지했기 때문에 플라톤의 바람대로 국가와 인류에게 나쁜 일이 끝나는 날은 오지 않았다. 자신의 생각이 이후 현실에 어떻게 적용될지 알 수 없었던 플라톤은 좋은 나라는 어떤 나라인가, 어떻게 다스려야 하는가에 대한 생각 외에도 나라의 기둥이 될 젊은 세대의 교육에 대해 고민했다.

"젊은 세대가 인간의 영원한 사명을 완성할 수 있도록 하는 것은 늙은 사람의 의무이다. 교육은 법에 의해서 공정하게 발표된 원리와 가장 오래되고 정당한 자의 경험에 의해 진정으로 옳다고 확인된 원리로 아이들을 이끌고 지도하는 것이다."

— 플라톤 『국가』 중에서

플라톤은 어린이들을 가르칠 때는 우선 아주 어릴 때 들려주는 동화부터 잘 선택해야 한다고 말했다. 그는 그리스 신화 같은 것은 좋지 않다고 했다. 신화 속에서 신들이 서로 싸우고, 지금 봐도 황당한 범죄를 저지르기도 하기 때문이다. 불성실하거나 나약해서 나쁜 본보기가 되는 이야기도 아이들에게 들려주면 안 됐다. 연극이나 음악, 미술도 용감하고 생각이 깊으며, 경건한 것만 보여줘야 했다. 유치하고 당장 즐겁기만 한 것은 절대 보여주면 안 됐다. 억지로 가르치는 것이 아니라 좋은 환경을 만들어주어 스스로 공부하게 만들어야 했다.

나아가 정신이 육체를 지배하기 위해서는 육체도 단련해야 했다. 플라톤이 요즘 한국의 학생들을 보면 운동을 너무 안 해서 큰일이라고 생각했을 것이다. 학교가 끝나면 학원에 가고, 틈이 나면 컴퓨터 앞에만 앉아 있으니 말이다. 플라톤은 남자와 여자 모두 똑같이 교육을 받아야 한다고 말했다. 원칙적으로 남녀는 동등하다고 보았기 때문이다. 그래서 전쟁이 일어나면 여자도 참가해야 했다. 물론 남자보다 힘이 약할 테니 똑같은 일을 할 수는 없지만, 할 수 있는 일은 해야 했다. 이처럼 어느 면에서 보면 플라톤은 시대를 앞서 가는 사람이었다. 물론 신체에 장애를 가지고 태어난 아이는 키우지 말고 내다버려야 한다거나, 고칠 수 없는 정신병에 걸린 사람이나 도덕적으로 매우 타락한 사람은 죽여야 한다는 생각은 도무지 받아들일 수 없지만.

철학은 변명에 대한 사랑이다

플라톤의 이러저러한 생각을 쫓다보면 오늘날 우리로서는 도무지 납득할 수 없는 것이 무수히 많다. 하지만 20세기 철학자 화이트헤드(Alfred North Whitehead, 1861~1947)는 "지금까지의 서양 철학은 플라톤 철학의 주석에 불과하다"고 말했다. 주석은 '덧붙인 해석'이라는 뜻이다. 2,000년이 넘도록 플라톤 철학은 서양 철학을 지배해왔다. 오늘날에 이르러 그의 철학은 수정이 필요할지 모르지만 그의 이데아 세계는 여전히 유효하고 강력하기 때문이다.

플라톤의 이데아 세계를 다른 말로 표현하면 '형이상학(形而上學, metaphysics)'이다. 형이상학은 말 그대로 눈에 보이는 세계(形, physics) 너머를 다루는 학문이다. 형이상학은 눈에 보이지 않지만 인간만이 만들 수 있는 생각 속의 세계를 말한다. 그 속에서 인간은 세계 전체를 펼쳐보고, 인간 자신에 대한 정의도 새롭게 할 수 있었다. 2,000년이 지난 오늘날에도 과연 그럴까? 답은 '그렇다'이다.

철학의 또 다른 이름인 형이상학이 오늘날에도 유용하게 쓰이기 위해서는 필요한 용도로 재가공해야 한다. 형이상학을 재가공하기 위해 우선 출발점인 철학부터 따져보자. 철학이란 무엇인가? 지금까지 철학은 지혜에 대한 사랑이라고 해석되어왔다. 지혜? 너무 멀고 높다. 하지만 고난이 현실화된 오늘날 현대인은 치유를 위해 새로운 세계를 갈망한다. 새로운 세계는 어떻게 만들어지는가? 플라톤이 그랬던 것처럼 생각 속에서 만들어진다. 하지만 말이 쉽지 플라톤처럼 생각하는 것이 가능할까? 누구나 플라톤이 될 수는 없다. 그러니 생각의 확장이 쉽지 않다면 먼저 '생각의 변형'부터 시도해볼 일이다. 생각의 변형이란 다르게 생각하기, 즉 '변명'이다. 남을 위한 변명, 회피를 위한 변명이 아니라 자기 자신을 위한 변명, 자기 안정을 위한 변명이다. 플라톤의 첫 작품 또한 『소크라테스의 변명』이 아니었던가. 그러므로 오늘날의 철학은 '지혜에 대한 사랑'이 아닌 '변명에 대한 사랑'이 되어야 한다.

변명은 비겁한 것이 아니냐고? 정말 그럴까? 초·중·고 학생을 대상으로 수업 시간에 여우와 신 포도 이야기를 예로 들어 실험해보았다. 배고픈 여우는 넝쿨에 매달린 맛있는 포도를 따 먹으려고 팔짝팔짝 뛰어보았지만 번번이 실패했다. 결국 여우는 "저건 시어서 맛이 하나도 없을 거야" 하고 변명하고 돌아섰다. 누구나 알고 있는 이솝 우화의 한 이야기이다. 자, 여러분도 같이 생각해보자. 1. 여우는 왜 포도가 먹을 수 없을 것이라고 변명했을까? 2. 여우의 변명은 옳은 것일까, 옳지 않은 것일까? 그 이유는 무엇일까? 3. 포도를 먹지 못하고 떠나는 여우의 마음은 어떠했을까? 그 이유는 무엇일까?

여러분의 대답은 크게 여우의 변명은 '옳다'와 '옳지 않다'로 나뉠 것이다. 여기서 고학년일수록, 나이가 많을수록 '옳지 않다'는 대답이 많아진다. 그것을 어떻게 아냐고? 필자가 직접 물어봤다. 학생들을 대상으로 질문한 결과, 고학년으로 올라갈수록 '변명'이라는 단어 자체에 부정적인 반응이 컸다. 따라서 질문 3에 대해 '슬프다', '아쉽다', '속상하다' 등으로 대답했다. 구체적으로 왜 변명이 나쁜지 이유를 드는 경우는 드물었고 대개 여우의 노력이 부족했다고 지적했다. 아니, 여우더러 뭘 어떻게 더 하란 말인가? 키 크는 수술이라도 받아야 할까? 학생들이 이렇게 대답한 원인은 무엇보다 주입식 교육 탓일 것이다. 교육을 오래 받을수록, 교육에 잘 순응할수록 변명에 대해 부정적인 선입견을 갖고 있었다.

반면 학년이 낮을수록, 그리고 놀랍게도 학교 성적이 낮을수록 선입견의 영향이 크지 않았다. '변명'이라는 개념에 반응하기보다 전체적인 상황 속에서 여우의 행위를 평가했기 때문이다. 변명이 나쁘다는 선입견을 갖지 않기 때문에 본능적인 자기 보존 원리에 충실하게 대답했다. 그렇기에 여우의 변명은 현실을 긍정한 타당한 것이라 생각하고, 질문 3에 대해 '홀가분하다', '별 느낌 없다', '덤덤하다' 등으로 대답한 것이다.

여기서 '본능적인 자기 보존 원리'라는 말을 오해하지 말자. 인간에게 자기 보존의 본능은 바로 '스스로 사고하고 판단하는 능력'이나 '알려는 욕구'이다. 그런데 지식만 너무 많이 주입당한 학생들은 스스로 사고하고 판단하는 대신 이미 정리된 지식(선입견)을 영리하게(?) 선택한 것이다. 극히 일부의 최상위권 학생만이 여우의 상황을 전체적으로 고려하여 '여우의 변명은 타당하고, 떠나는 여우의 마음은 홀가분하다'고 대답했다. 이처럼 극히 일부를 제외하고는 학년이 올라가고, 공부를 열심히 했을수록 주어진 지식을 자신과 연관 지어 종합적으로 판단하는 능력이 떨어졌다. 그래서 학년이 올라갈수록 점점 공부에 흥미를 잃고, 공부가 힘들어지는 것이다.

철학은 지식의 통합 과정이므로, 철학의 첫 번째 목표는 스스로 근거 있는 변명을 찾는 것이라고 할 수 있다. 철학은 고상하거나 어려운 학문이 아니다. 철학은 위대한 철학자의 고상한 핑계나 어려운 변명과 다를 것이 없다. 소크라테스의 영혼이나 플라톤의 이데아 세계 같은 고상한 핑계, 어려운 변명을 통해 인류는 마음의 위안을 찾고 편안한 상태를 유지해왔다.

오늘날 철학이 환영받지 못하는 이유는 지식탐구와 사색에 있어서 효용성이 떨어지는 과거의 내용만 고집하기 때문이다. 이미 지식탐구는 과학의 영역으로 넘어간 지 오래고, 사색과 위안 또한 문학이나 문화 콘텐츠의 영역이 되어버렸다.

플라톤 기원전 428~347년 ✳━━━━━━━━━━━━━━━━━━━━━

아테네의 명문가 출신으로 어려서부터 귀족 교육을 받았다. 그는 체격이 훌륭했고 서정적인 시와 비극 작품을 쓰기도 했다. 정치와 밀접한 집안에서 자란 그는 정치가의 꿈을 지녔지만, 스무 살 때 소크라테스의 강연을 듣고 감동하여 그 즉시 소크라테스를 따라나섰다.

이후 플라톤은 철학에 전념하여 21~28세까지 소크라테스를 스승으로 섬겼다. 그는 "나는 야만인으로 태어나지 않고 그리스인으로 태어난 것, 노예로 태어나지 않고 자유인으로 태어난 것, 여자로 태어나지 않고 남자로 태어난 것, 특히 소크라테스 시대에 태어나 그를 만난 것을 신에게 감사한다"고 말할 정도로 스승을 존경했다. 그러나 소크라테스가 부당한 판결을 받고 죽음에 이르자 민주주의를 경멸하기도 했다.

그는 소크라테스를 구하려 했던 일로 만주주의자들에게 위협을 느끼고 도망쳤다가 이탈리아 등을 거쳐 아테네로 돌아왔다. 한때 디오니시오스 1세를 만나 정치적 이상을 실현해보려고 했지만 결국 음모에 걸려들어 노예로 팔려갔다. 그곳에서 부유한 상인의 도움으로 겨우 석방되어 아테네로 돌아와 교육기관을 세웠다. 플라톤은 학생들에게 학비를 받지 않고 철학·수학·동식물학 등을 가르쳤는데 그의 강의는 곧 매우 유명해졌다. 그는 이후 81세에 세상을 떠났다.

━━━━━━━━━━━━━━━━━━━━━━━━━━━━━━━━━

3

아리스토텔레스,
어떻게 살아야 행복할까?

Aristoteles

플라톤의 이데아에 대한 비판

　소크라테스의 생각을 발전시킨 것이 플라톤이라면, 아리스토텔레스는 플라톤의 생각을 더욱 발전시킨 철학자였다. 플라톤이 펼쳐놓은 세계에 대한 형이상학적 설명이 없었다면 오늘날 아리스토텔레스는 없었을 것이다. 하지만 플라톤과 달리 아리스토텔레스는 무거운 물체가 먼저 떨어진다는 말처럼 누구나 알 수 있는 구체적이고 상식적인 이야기를 했다. 아리스토텔레스는 스승인 플라톤의 생각을 그대로 뒤집어 현실세계로 옮겨놓았다.

　서양 사상의 흐름에서 플라톤과 아리스토텔레스의 생각의 차이는 중요하다. 소크라테스의 납득할 수 없는 죽음에 제자인 플라톤은 이데아라는 새로운 세계를 창조하여, 2,000년 넘게 서양 사상을 지배한 형이상학 체계를 만들었다. 아리스토텔레스 또한 플라톤이 만든 형이상학 체계를 활용했다. 하지만 추상적이고 비상식적인 플라톤의 이론을 구체적이고 상식적인 방식으로 대체했다.

아리스토텔레스는 스승 플라톤의 이데아론을 비판했다. 그는 '이데아는 현실과 동떨어져 있는 이데아계에 있는데, 그것이 어떻게 우리 현실에 있는 사물에 영향을 끼쳐서 그 사물이 되게 하는가?' 하고 생각했다. 다시 말하자면, 이데아계와 우리가 속해 있는 현실세계가 따로 떨어져 있는 별개의 세계라면 이데아계에 있는 색연필의 이데아가 지금 내가 들고 있는 색연필을 어떻게 색연필로 만들어줄 수 있는지 의문을 품은 것이다. 그 결과, 이데아계와 현상계가 따로 있으면 그만큼 세상이 복잡해질 뿐이라고 아리스토텔레스는 생각했다.

그렇다면 이데아에 대한 아리스토텔레스의 생각은 무엇일까? 바로 이데아는 사물과 따로 떨어져 있는 것이 아니라 사물 속에 들어 있다는 것이다. 플라톤은 진짜로 존재하는 것은 사물이 아니라 이데아라고 말했다. 이데아만이 영원불멸하다는 것이다. 하지만 아리스토텔레스는 진짜로 존재하는 것은 이데아가 아니라 우리 주위에 있는 사물이라고 주장했다. 비록 사물 하나하나는 있다가 없어질 수 있고, 그 모습이 변할 수 있지만.

아리스토텔레스에 따르면 사물은 형상과 질료로 구성되어 있다. 책을 예로 들어보자. 책을 책이 되게 하는 것은 무엇일까? 어떤 점이 책을 책답게 만들어주는 것일까? 우선 종이로 만들어졌고, 읽을 수 있다는 점이다. 이를 포함해서 설명하면 '우리가 책장을 넘기면서 글자를 읽는 어떤 것'이 될 것이다. 이것이 책의 형상이다. 질료는 책을 만들 때 사용되는 종이와 잉크, 접착제 등이 된다. 재료라고 생각하면 이해하기 쉽다.

이 세상에 있는 모든 것은 형상과 질료, 혹은 모양과 재료, 또는 기능과 원료가 합쳐져 있다. 형상 없이 질료만 덩그러니 있을 수 없고, 플라톤이 말한 것처럼 질료가 합쳐지지 않은 형상, 즉 이데아만 따로 있을 수 없다. 그런데 질료는 변화할 수 있다. 책에 글씨를 인쇄한 잉크는 시간이 지나면 빛깔이 희미해진다. 접착제는 약해져 너덜너덜해질 수 있고, 종이가 찢어질 수도 있다. 그렇다고 해서 더 이상 책이 아닌 것이 될까? 좀 낡았다고 해도 읽을 수 있으면 책은 여전히 책이다. 바로 그 안에 책의 형상을 갖고 있기 때문이다.

플라톤은 인간의 마음을 강조한 나머지 육체를 멸시한 소크라테스의 생각을 확장시켰다. 인간·세계·관계의 선택지에서 소크라테스가 인간을 선택했다면 그를 계승, 발전시키기 위해 플라톤은 세계를 선택했다. 그래서 개인을 강조한 소크라테스에 이어 플라톤은 국가를 강조한 것이다. 영혼이 머무르는 이데아 세계, 그리고 개인이 머무르는 국가. 하지만 아리스토텔레스는 달랐다.

아리스토텔레스는 우선 세상 만물의 변화에 주목했다. 우리 주위에 있는 모든 것은 변화한다. 물론 우리도 변화한다. 키가 크고, 살이 찌고, 아프기도 하고, 나중에는 늙어 죽게 된다. 그런데 이러한 변화를 해석하는 방법에는 여러 가지가 있다. 소피스트들

처럼 세상 모든 것이 변화하니 변하지 않는 진리란 없다는 의견
도 있다. 반면 소크라테스는 소피스트를 비판하면서 변하지 않는
진리가 존재한다고 했다. 그의 제자인 플라톤과 또 그의 제자인
아리스토텔레스도 그렇게 말했다. 변하지 않는 진리를 추구하는
것은 대상의 무궁무진한 변화를 이해하고자 하는 인간의 간절한
노력이기 때문이다.

　아리스토텔레스가 본 무궁무진한 변화는 운동, 성장, 쇠퇴, 발
생, 부패 같은 여러 가지 모습이었다. 무엇이든 공통점은 바로 형
태가 변한다는 것이었다. 변화하면 반드시 새로운 형태가 나타나
는 것이다. 아리스토텔레스는 이렇게 변화를 관찰하면서, 변화를
일으키는 원인에 주목하여 네 가지 질문과 답을 했다.

　　　그것은 무엇인가?　　　　　　　　→ 형상인
　　　그것은 무엇으로 만들어졌는가?　　→ 질료인
　　　그것은 무엇에 의하여 만들어졌는가? → 작용인
　　　그것이 만들어진 목적은 무엇인가?　→ 목적인

　아리스토텔레스는 변화란 형상인과 질료인, 목적인, 작용인이
라는 네 가지 원인으로 인해 일어난다고 생각했다. 이 네 가지 원
인을 설명할 때 가장 많이 예로 드는 것이 조각상이다. 자, 여기
돌덩어리가 하나 있다. 이것은 재료가 되는 것이니 질료인이다. 이
것을 깎아서 어떤 조각상을 만들까 하는 조각가의 생각이 바로
형상인이다. 돌을 쪼아 내는 작업은 작용인이고, 이 조각상으로

집을 아름답게 꾸미겠다는 생각은 목적인이다. 또 다른 예로 집을 지을 때를 생각해보자. 집을 지으려면 설계도가 있어야 한다. 이것이 바로 형상인이다. 집을 짓는 이유는 무엇일까? 들어가 살기 위해서이다. 이것이 목적인이다. 집을 짓기 위해 땅을 파고 벽돌을 쌓고 망치로 뚝딱뚝딱 못을 박는 일은 작용인, 벽돌과 못, 시멘트 같은 재료는 당연히 질료인이다.

그런데 이 네 가지 원인 중에서 가장 중요한 것이 있다면 무엇일까? 재료가 없으면 아무것도 못 만드니 질료인이 가장 중요할 것이다. 그렇다면 그 재료는 무엇을 중요하게 여길까? 재료인 돌덩이는 아름다운 조각상이 되는 것이 가장 중요하고, 나무토막과 벽돌은 사람이 들어가서 살 수 있는 집이 되는 것이 가장 중요하다. 즉, 재료는 그 자체로 머무는 것이 아니라 무언가 형상을 갖고자 노력한다. 모든 질료는 형상인이 되기 위해 노력하기 때문에 변화가 일어나는 것이다.

그럼 질료와 형상의 관계는 어떤가? 질료는 가만히 있기만 하니 수동적이다. 조각가가 깎아주지 않으면 돌덩어리는 결코 조각상이 될 수 없다. 플라톤이 이데아를 강조했듯 형상이 없으면 질료는 아무것도 아니라고 생각할 수 있다. 하지만 아리스토텔레스는 사물 중에 형상 없는 질료는 없으며, 모든 사물은 질료와 형상이 결합되어 있다고 보았다. 그럼 돌덩어리는? 조각상이 되기 전에는 형상이 없는가? 조각상이 되기 이전의 돌덩어리는 조각상의 형상은 갖고 있지 않지만 돌덩어리의 형상은 갖고 있다.

이러한 질료와 형상의 관계를 다르게 설명할 수도 있다. 먹이

사슬을 떠올려보자. 먹이사슬은 풀→초식동물→육식동물로 이어진다. 이 먹이사슬도 질료와 형상의 관계이다. 플라톤의 이데아 세계가 그렇듯, 이 세상에 존재하는 사물에도 먹이사슬처럼 위계질서가 있다고 아리스토텔레스는 생각했다. 그래서 위계가 낮은 존재는 높은 존재가 되기 위해 노력한다고 말했다. 초식동물은 육식동물에게 잡아먹힘으로써 자기보다 더 나은 존재, 즉 육식동물이 될 수 있다는 것이다. 아리스토텔레스는 동물뿐만 아니라 모든 존재가 더 높은 단계로 올라가기 위해 계속 노력한다고 생각했다. 만약 가장 높은 단계의 형상, 질료 없는 순수한 형상이 있다면 그것은 바로 신이라고 아리스토텔레스는 생각했다.

아리스토텔레스에 의하면 모든 존재는 더 높은 단계로 올라가기 위해 계속 노력하는 것이 존재의 이유이자 목적인이다. 이 목적인은 바로 오늘날 우리가 살아가는 이유를 설명해주기도 한다. 삶이 어렵고 힘들지라도 인간은 지금보다 더 나은 자신이 되겠다는 꿈을 가지고 노력한다. 아리스토텔레스의 중요한 발견은 바로 이것이다. 그렇다면 아리스토텔레스는 인간·세계·관계의 선택지에서 무엇을 선택하고 강조했을까? 관계이다. 현재가 아닌 더 나은 미래와의 관계, 그 관계를 목적인으로 설명한 것이다.

아리스토텔레스의 눈으로 세상을 보는 현대인

이 세상 모든 것의 변화는 형상인, 질료인, 목적인, 작용인 네 가지 원인으로 설명할 수 있다. 이러한 네 가지 변화의 원인을 다시 두 가지로 나누면 '가능적인 것'과 '현실적인 것'이 있다. 현실적인 것이란 말 그대로 지금 그대로의 모습이다. 가능적인 것은 아직 현실화되지 못했지만 그렇게 될 수 있는 가능성이 있는 것이다. 현실적인 것을 '현실태', 가능적인 것을 '가능태'라 부르기도 한다.

아리스토텔레스는 도토리를 예로 들어 설명했다. 도토리가 자라면 참나무가 된다. 그러므로 도토리는 참나무라는 현실태로 변화할 수 있는 가능성이 있다. 그러니까 도토리는 가능태이고 참나무는 현실태이다. 사람을 예로 들어보면 어떻게 될까? 아이가 자라면 어른이 되니 아이는 가능태, 어른은 현실태가 된다. 이렇게 모든 사물은 변화한다. 그 사물에는 어떠한 목적, 그러니까 형상을 갖기 위해서 변화하려고 하는 힘이 있다. 가능태는 현실태가 되려는 목적을 가지고 열심히 나아가는 것이다.

가능태가 있어야 현실태가 있으니 가능태가 더 중요하다고 생각할 수 있다. 하지만 그 반대이다. 도토리는 참나무에서 나온다. 우리가 눈으로 보기에는 가능태(도토리)에서 현실태(참나무)가 나오지만, 현실태가 없으면 가능태가 현실태로 변화할 수 없다. 어른이 없으면 아이는 어디서 생길 수 있겠는가. 이는 마치 닭이 먼저인가, 달걀이 먼저인가 하는 논쟁과도 같다. 답이 없다고? 아니다. 답은 있다. 아리스토텔레스는 참나무나 어른 등 현실태는 완전한 반면, 도토리나 아이 등 가능태는 불완전하다고 생각했다. 그러니 닭이 먼저인 것이다. 이러한 생각은 훗날 기독교 창조론의 원조라고 할 수 있다. 하지만 현대 진화생물학에서는 달걀이 먼저라고 말한다. 닭이라는 새로운 개체는 세포 속 유전자의 돌연변이가 자연 선택되는 과정에서 만들어졌기 때문이다.

기독교 창조론의 원조인 아리스토텔레스는 오늘날 사람들이 세상을 보는 방식에서도 근원이 된다. 세상을 보는 사람들의 방식이 제멋대로인 것 같지만 사실은 그렇지 않다. 우리가 들을 수 있는 소리와 볼 수 있는 색이 제한되어 있는 것처럼, 생각하는 데에도 일정한 틀이 있다. 이러한 생각의 틀을 '범주'라고 한다. 아리스토텔레스는 9가지 범주를 발견했다. 우리가 어떤 사물에 대해 생각할 때 개체, 성질, 양, 관계, 그리고 시간, 장소, 위치, 상태, 능동, 수동이라는 9가지 범주를 가지고 생각한다는 것이다.

필자의 사랑스러운 딸 현이와 함께 놀고 있는 고양이에 대해 생각해보자. 아리스토텔레스의 범주에 따르면 개체는 고양이이고, 성질은 온순하며, 양은 5킬로그램이고, 관계는 현이에게 속해 있다. 시간은 아침 9시, 장소는 앞마당, 위치는 현이의 무릎 아래, 상태는 배가 부른 채, 능동은 꼬리를 흔들며, 그리고 수동은 쓰다듬어지고 있다고 말할 수 있다. 이처럼 아리스토텔레스의 9가지 범주는 세상을 보는 방식이자 생각의 단위이다. 이를 통해 개체인 대상을 면밀히 관찰하고 설명할 수 있게 되었고, 덕분에 서양은 훗날 비약적인 과학 발전을 이루게 되었다.

아리스토텔레스의 9가지 범주 중 가장 중요한 것은 나머지 8개 범주를 끌어안는 개체이다. 개체는 설명의 대상이자 생각의 출발점이다. 소크라테스에 의해 증명된 영혼과 플라톤에 의해 만들어진 이데아 세계가, 결국 아리스토텔레스의 개체 속에서 중심을 잡게 되었다. 관계 중심적인 동양적 사고와 대비되는 개체 중심적인 서양적 사고의 시작인 것이다. 인간을 강조한 소크라테스나 세계를 강조한 플라톤과 달리 아리스토텔레스는 관계를 강조했는데, 결국 중요한 것은 생각의 출발점인 개체였기 때문이다.

아리스토텔레스가 관계를 중요하게 생각했음은 '인간은 사회적 동물'이라는 그의 말을 통해서도 알 수 있다. 사회란 그저 사람들이 모여 있는 곳이 아니라, 특정한 관계 속에서 연결된 곳이 아닌가. 아리스토텔레스의 목적인과 가능태는 모두 변화를 전제로 한다. 변화란 변화되기 전과 변화된 후의 관계를 모두 고려해야 설명이 가능하다. 그런데 변화는 어떻게 이루어지는 것일까? 어떻게 변화해야 할까? 인간에게 이것은 '어떻게 살아야 하는가?'와 관련된 문제이다.

어떻게 살아야 하는가?

아리스토텔레스는 참나무나 어른 등의 현실태는 완전한 반면 도토리나 아이 등의 가능태는 불완전하다고 생각했기 때문에 어린이 교육의 중요성을 누구보다 강조했다. 그래서 『니코마코스 윤리학』을 저술했다. 니코마코스는 아리스토텔레스의 아들 이름이 었다. 아들에게 도덕과 철학에 대해 가르침을 남기기 위해 책을 썼기 때문에 이런 이름이 붙었다는 해석도 있고, 아리스토텔레스 의 생각을 나중에 아들이 정리해서 책으로 남겼다는 해석도 있 다. 아무튼 이 책에서 아리스토텔레스는 '어떻게 살아야 하는가?' 에 대해 말했다.

> 행위는 품성을 만드는 지배적인 도구이다. 그러므로 올바른 이성에 따라 행해야 한다는 것은 공통의 견해이다. 성격은 습관적 행위의 모자람이나 지나침으로 인해 파괴된다. 탁월 성도 마찬가지다. 무슨 일이든 회피하고 두려워하는 자는 비 겁자가 되고, 두려워하지 않으면서 모든 일에 뛰어들면 무모 한 사람이 된다. 마찬가지로 모든 즐거움을 탐닉하면 무절제 한 사람이 되고, 즐거움을 전부 회피하면 목석 같은 사람이 된다. 그러므로 절제와 용기는 지나침과 모자람에 의해 파괴 되고 중용에 의해 보존된다.
>
> **– 아리스토텔레스 『니코마코스 윤리학』 중에서**

사람은 어떻게 살기를 원할까? 어떻게 사는 것이 좋을까?
이러한 물음에 아리스토텔레스는 행복하게 사는 것이라고 대답 했다. 그렇다면 어떻게 살아야 행복할까? 이에 대한 아리스토텔레 스의 대답도 어렵지 않다. 좋은 습관을 몸에 배게 하면 된다. 여기 서 좋은 습관이란 '탁월성'이다. 탁월하다는 말은 '뛰어나다'는 뜻으로, 두 가지가 있다. 지적으로 탁월한 것과 성격적으로 탁월한 것이다. 그런데 행복한 삶을 살려면 이 두 가지 중에서 성격적 탁월성이 더욱 중요하다. 지적으로 탁월하기 위해서는 열심히 배우면 되지만, 성격적 탁월성은 습관과 같아서 얻기가 쉽지 않다.

성격적 탁월성을 얻기 위해 필요한 것이 바로 중용이다. 중용은 지나치거나 모자라는 극단에 빠지지 않는 것이다. 파렴치함과 수줍음의 중용은 겸손이다. 허풍과 자기비하의 중용은 진실성이며, 방탕과 무감각의 중용은 절제이다. 그리고 무모함과 비겁함의 중용은 용기이다. 이처럼 아리스토텔레스는 극단에 빠지지 않는 것을 '중용'이라고 말했는데, 동양 사상에서 말하는 중용과는 조금 다르다. 동양 사상에서의 중용은 비록 극단적으로 보일지라도 전체를 고려하여 절대적으로 올바른 판단을 내려야 한다는 것이다. 중간이라는 상대적인 위치 잡기가 아니다.

눈치 보기에 가까운 상대적인 위치 잡기. 이런 중용을 습관처럼 몸에 배게 하고 실천하면 가장 좋은 삶을 살게 되는데, 그것이 바로 아리스토텔레스가 말한 행복이다. 아리스토텔레스가 말한 행복은 소크라테스와 플라톤의 사상을 계승한 것이다. 각자가 생각하는 다양한 행복이 있겠지만, 소크라테스와 플라톤에게 있어 참된 행복이란 육체가 아닌 영혼을 우선시하는 것이다. 즉, 인간은 정신적 존재이기 때문에 영혼의 온전한 상태를 통해 행복을 이룰 수 있다고 세 철학자는 공통적으로 생각했다. 그렇다고 삶의 다른 요소를 배척하지 않았다. 정도의 차이는 있지만 세 철학자는 참된 행복을 위해 정신적 완성뿐만 아니라 건강, 외모 등 신체적 완성과 재산, 명예, 권력 등 외부적 완성 또한 필요하다는 것을 부인하지 않았다.

미국의 심리학자 리처드 니스벳(Richard Nisbett, 1941~)은 서양정신을 대표하는 사람으로 아리스토텔레스를, 동양정신을 대표하는 사람으로 공자를 꼽았다. 아리스토텔레스가 서양정신을 대표하는 이유는 '범주'에서 보듯 그가 '개체 중심적 사고'의 전형이기 때문이다. 공자가 동양정신을 대표하는 이유는 '인(仁)'에서 보듯 그가 '관계 중심적 사고'의 전형이기 때문이다.

아리스토텔레스의 '중용(中庸, moderation)'은 지나치거나 모자라거나 하는 극단에 빠지지 않는 것이다. 그렇다면 공자의 중용은 무엇일까? 사실 『중용』은 공자의 손자인 자사가 썼다고 알려져 있지만, 그 핵심 내용은 모두 공자의 것이라 해도 무방하다. 그런데 공자의 사상에서 중(中)은 도(道)만큼이나 이해하기 어렵다. 도는 인간을 포함한 전체 세계이며 객관적 실재이다. 그런데 이 도의 세계에서는 어떤 자세로 살아야 할까? '중'을 이해한 후에 중용의 자세로 살아야 한다. '중'이란 천하의 가장 큰 근본(기준)이기 때문이다. 물론 천하가 아니더라도 모든 사물은 '중'을 가지고 있다. 모든 사물의 총합인 천하의 '중'을 아는 것이 곧 도에 이르는 것이다.

이처럼 동양에서의 중용은 절대적 기준을 뜻한다. 하지만 어느 한쪽으로 치우치지 않는 아리스토텔레스의 중용은 상대적 기준일 뿐이다. 그러므로 '무모함과 비겁함의 중용이 용기'라는 아리스토텔레스의 중용은 잘못된 것이다. 전체 상황을 고려해보면 무모함과 비겁함이 진짜 용기 있는 행동일 수 있다는 말이다. 잘못된 일을 앞에 두고 100명이 "예스"라고 할 때, 혼자 "노"를 외치는 것은 무모한 것이 아니라 진정 용기 있는 행동이다. 더 쉬운 예를 들어보자. 골프채 같은 물건의 무게중심은 가운데가 아니다. 한쪽 끝이 무겁기 때문에 가운데에서 한참 먼 쪽이 무게중심이 된다.

결국 공자의 중용은 객관적 실재인 전체 세계의 무게중심, 즉 전체 기준을 중심으로 살아가라는 말이다. 이렇게 사는 사람을 '군자'라고 한다. 반대로 자기 자신과 자기 주변만을 기준으로 사는 사람을 '소인'이라고 한다. 자기 자신과 주변만을 기준으로 상대적 위치 잡기를 말한 아리스토텔레스가 소인이 되는 순간이다. 공자의 승리다.

데카르트,
인간과 기계의 경계

4

Descartes

나는 생각한다, 고로 나는 존재한다?

'나는 생각한다, 고로 나는 존재한다'는 명제는 300여 년 전 데카르트가 이루어낸 철학적 발견이었다. 데카르트는 '근대철학의 아버지'라는 별명이 붙을 정도로 철학사에서 큰 비중을 차지하며, 아리스토텔레스와 비견되는 천재이다. 그는 소크라테스와 플라톤, 아리스토텔레스로부터 이어져온 진리 탐구의 과정을 한 단계 비약시켰다. 그의 '나는 생각한다, 고로 나는 존재한다'는 말은 오늘날 새롭게 발전하는 뇌과학과 인지과학의 출발점이 되었다. 인간의 생각, 정신 혹은 마음이 무엇인가에 대한 연구는 최근에 비약적으로 발전하고 있지만 아직 결론에 이르지 못했다. 다만 새로운 인간 유형이 만들어지고 있다고 잠정적으로 결론을 내렸을 뿐이다. 새로운 유형의 인간이 만들어진다는 것은 인간이 기계가 되고 기계가 인간이 되는 것을 말하고, 그렇게 되는 시점을 '특이점'이라고 한다. 특이점 시대는 먼 미래가 아닌 바로 지금부터이다.

현대인은 점점 더 생각을 기계에 의존하는 한편, 생각을 통해 자신을 찾고자 한다. '내가 보고 있는 이 세상이 진짜일까? 이것이 확실하다고 믿을 수 있을까? 그것을 내가 어떻게 알아? 내가 뭐 아는 게 있어야지' 하고 고민한다. 데카르트 또한 오랜 고민 끝에 답을 내렸다. 그 답이 바로 '나는 생각한다, 고로 나는 존재한다'였다. 멋진 말이다. 그런데 이 말은 무슨 뜻일까? 뜻이야 말 그대로이니 더 이상 무슨 뜻이 있겠는가. 아마 여러분은 그 말이 나와 도대체 무슨 연관이 있는지 알고 싶을 것이다. 나와의 연관 속에서 생겨나는 것이 바로 의미이다. 나와 연관 없는 것 중에서 의미 있는 것이 있는지 생각해보라. 없을 것이다. 하지만 오늘날은 의미를 찾기 힘든 시대이다. 왜냐하면 인간이 기계가 되고, 기계가 인간이 되면서 서로 경계가 사라지는 특이점 시대이기 때문이다. 인간이 질문하면 대답해주는 애플 아이폰의 시리(siri)는 사실 인터넷망으로 이루어진 거대한 기계이다. 이것이 단순한 도구나 공작 기계와 다른 점은 수십억 인터넷 사용자의 축적된 경험을 학습한 후에 활용하는 인공지능 기계라는 것이다. 인간이 만든 컴퓨터 프로그램이지만 인간에게 답을 해주는, 기계의 확장인 것이다.

인간과 기계의 경계가 사라지고 있다. 문제는 경계가 사라지는 과정에서 기계는 점점 더 경험을 축적하는데, 인간은 점점 더 정신을 잃어간다는 점이다. 물론 경험을 축적한 '집단 지성' 또한 인간 정신의 확장이 된다. 하지만 스스로 의미를 찾는 전통적인 개인이 허물어져간다는 측면에서 보면 결국 멘탈 붕괴, 멘붕에 빠지고 만다. 개인의 멘붕은 일시적 충격에 그치고 만다. 그러나 과학기술 문명에 의해 지속적으로 영향을 받다보면 인간의 자기 경계(境界)는 사라져버릴 것이다.

자기 경계가 사라진 인간은 끊임없이 주변에서 경계를 확인하려 한다. 요즘 청소년 문화가 몇몇 학생을 왕따시키는 데 머물지 않고 전체 또래 구성원을 계급화, 신분화하는 경향을 보이는 이유가 바로 이것이다. 사이버 공간에서는 만렙이나 졸, 학급 내에서는 왕족·귀족·백성·노예의 구분이 이미 일반화되어 있다. 그러나 자기 자신이 무엇인지에 대한 해답은 자신의 외부뿐만 아니라 내부에서도 찾아야 한다. 그래야 자신이 누구인지 알고, 자기 경계를 확인하여 이를 근거로 올바른 인간관계를 맺을 수 있다. 하지만 그것이 어디 말처럼 쉬운가. 말로는 강물을 두 동강 내어 거꾸로 흐르게 하고, 하늘에서 팝콘이 내리게 할 수도 있지만 현실은 다르다. 현실에서는 특이점 시대의 흐름을 막을 수 없다. 물론 막을 필요도 없다. 다만 광폭한 흐름에 휩쓸려가지 않고, 흐름을 읽고 래프팅을 즐기듯 중심을 잡는 스킬이 필요할 따름이다.

전혀 의심할 수 없는 것

인간은 육체와 영혼으로 구성되어 있음을 증명한 소크라테스처럼 데카르트는 세계가 정신과 물질로 구성되어 있음을 증명했다. 이 내용이 데카르트의 『방법서설』이라 불리는(원래는 『이성의 올바른 인도를 위한 방법서설』이라는 긴 제목이었음) 책 속에 담겨 있다.

> 양식(bon sens)은 이 세상에서 가장 공평하게 분배되어 있는 것이다. 왜냐하면 사람들은 누구나 그것을 충분히 갖추고 있다고 생각하고 있으며, 다른 모든 것에 있어서는 좀처럼 만족하지 않는 사람도 그것만큼은 자신이 갖고 있는 것보다 더 바라지 않기 때문이다. 이 점에 있어 모든 사람의 생각이 잘못되었다고 볼 수 없다. 오히려 이는 잘 판단하고, 참된 것을 거짓된 것에서 구별하는 능력, 즉 일반적으로 양식 혹은 이성으로 불리는 능력이 모든 사람에게 천부적으로 동등하다는 사실을 보여주는 셈이다.
>
> **– 데카르트 『방법서설』 중에서**

데카르트는 『방법서설』에서 인간은 누구나 양식, 그러니까 이성(理性)을 갖고 있다고 말했다. 이것이 데카르트 철학의 대전제이다. 하지만 인간이면 누구나 갖고 있는 이성은 과연 확실한가? 수학자이기도 한 데카르트는 인간 이성의 출발점을 증명하고자 했다. 과거 그리스 철학자 소크라테스가 인간의 영혼을 증명하기 위

해 제시했던 '사용되는' 육체와 '사용하는' 영혼의 구분은 미덥지가 않았다. 과학이나 수학의 확실성과는 거리가 멀기 때문이다. 그렇다고 과학이나 수학에 근거한 자신만의 확실한 증명 방법이 떠오르지 않았다. 후회와 의심, 즉 회의(懷疑)가 들었다. 그리고 빠져나올 수 없을 것 같은 회의 속으로 더 깊이 침잠해갔다.

> 나는 오로지 진리 탐구에 전념하려고 하므로, 조금이라도 의심할 수 있는 것은 모두 전적으로 거짓된 것으로 던져버리고, 이렇게 한 후에도 전혀 의심할 수 없는 것이 내 신념 속에 남아 있는지를 살펴보아야 한다고 생각했다. 그러므로 우리의 감각은 종종 우리를 기만하므로, 감각이 우리 마음속에 그리는 대로 있는 것은 아무것도 없다고 가정했다.
>
> – 데카르트 『방법서설』 중에서

데카르트가 진리를 찾기 위해 가장 먼저 한 일이자 잘한 일은 모든 것을 의심하는 것이었다. 전혀 의심할 수 없는 것이 남을 때까지 의심은 계속되었다. 심지어 보고, 듣고, 냄새 맡고, 만져보는 감각까지 의심했다. 그는 우리가 알고 있는 모든 것, 다시 말하면 모든 지식을 일단 의심했다. '의심했다'는 말을 어렵게 표현하여 '방법적 회의'라고 한다. 의심을 통과해서 더 이상 의심할 수 없는 것을 찾는 방법으로 의심을 활용한 것이다. 이렇게 함으로써 데카르트는 확실한 지식을 찾는 것을 가장 큰 목표로 삼았다.

우리가 가지고 있는 지식은 그것을 얻는 방법에 따라 누군가에게서 배운 것과 스스로 깨우친 것 두 가지로 나눌 수 있다. 학교에서 배운 지식도 맨 처음에는 누군가가 스스로 깨우친 것이다. 그럼 맨 처음의 사람은 어떻게 지식을 얻었을까? 첫 번째로 경험을 통해 얻었다. 얼음을 만져보면 차갑다. 반대로 펄펄 끓는 물에 손가락을 넣어보면 엄청 뜨겁다. 그 경험에 의해서 얼음과 끓는 물의 온도에 대한 지식을 얻었다. 두 번째로 경험 없이, 논리만으로 지식을 얻었다. 그렇게 얻을 수 있는 지식의 대표적인 예가 수학이었다. 수학은 순수하게 논리로 이루어지는 학문이다. 데카르트는 이 두 가지 지식을 차례차례 의심해보았다. 우선 경험으로 얻은 지식을 의심했다.

저기 저 산등성이에 노란 개나리꽃이 피었다. 가까이 가서 보니 개나리꽃이 아니라 민들레였다. 사람의 눈이란 믿을 수 없다. 그런데 가만, 이것이 정말 민들레일까? 내가 민들레꽃을 본 것은 사실일까? 사실일 것이다. 지금 이렇게 두 눈으로 보고 있으니 말이다. 아니, 아니다. 혹시 내가 지금 꿈을 꾸고 있는지도 모른다. 그럼 진짜로 보았다고는 할 수 없다. 그럼 이것이 꿈이 아니라면 나는 정말 민들레꽃을 본 것일까? 그렇다고 확신할 수는 없다. 악마가 장난을 쳐서 헛것을 보게 한 것일 수도 있다.

뜬금없이 악마가 나오는 것이 좀 어색하지만 아마 그때 서양 사람들에게 악마는 온갖 거짓과 허상의 공급자였을 것이다. 악마가 없는 동양에서 장자였다면 내가 민들레꽃을 본 것이 꿈인지 아닌지 묻지 않았을 것이다. 장자의 '호접지몽(胡蝶之夢)'에서 보듯 꿈과 현실의 구분은 무의미하기 때문이다.

어쨌든 장자와 비교하여 데카르트에겐 불행한 일이지만, 서양 문명으로선 다행스러운 일이 벌어졌다. 확실성을 추구한 데카르트가, 경험하고 있는 것과 경험을 통해서 얻은 지식은 확신할 수 없다고 결론을 내린 것이다. 결국 확실성을 추구한 데카르트의 자세는 이후 서양문명을 비약적으로 발전시키면서 장자의 동양문명을 불행하게 만들었다.

확실성을 추구한 데카르트에게는 논리를 통해 얻는 지식이 남았다. 논리적으로 맞는 지식을 어떻게 의심할 수 있을까? 예를 들어 1 더하기 1은 2라는 것은 예로부터 논리적으로 확실한 지식으로 여겨왔는데 말이다. 물론 지금도 그것은 확실한 지식이다. 데카르트는 이것을 어떻게 의심했을까?

음…… 1 더하기 1은 2가 맞는 것 같다. 꿈속에서 1 더하기 1이 2라고 해서 그것이 틀렸다고 할 수는 없다. 하지만 만약 내가 더하기를 하는데 악마가 방해를 한다면? 그럼 자꾸 틀린 답이 나올 것이고, 나는 그 틀린 답을 맞았다고 믿을 것이다. 그럼 수학적인 지식도 확실히 맞다고 할 수 없는 것 아닌가?

악마의 도움(?)으로 이제 논리를 통해 얻은 지식도 확실하지 않게 되었다. 결국 방법적 회의를 통한 데카르트의 의심의 끝은 확실한 지식은 없다는 사실의 확인이었다. 그럼 지금까지 도대체 무엇을 한 것이란 말인가?

나는 모든 것이 다 거짓이라고 생각하려 하는 동안, 당장 그렇게 생각하는 내가 '그 어떤 것'이어야 한다는 것이 필수적이라는 사실을 알았다. 그런데 '나는 생각한다. 그러므로 나는 존재한다'는 진리는 너무나 확고하고 확실하기 때문에 회의론자들의 지나친 의견도 이 진리를 뒤흔들 수는 없다. 나는 알게 되었다. 그래서 나는 거침없이 이 진리를 내가 찾고 있던 철학의 제1원리로 받아들이기로 했다.

- 데카르트 『방법서설』 중에서

도대체 이 세상에서 확실한 것은 무엇일까? 이렇게 의심을 계속하다보니 확실한 것은 하나도 없었다. 단 하나, 그렇게 의심하고 있는 나의 생각만큼은 확실했다. 생각이 없으면 의심조차 불가능하기 때문이다. 그러니 결국 의심하고 있는 나의 생각만이 남아 있을 뿐이다!

소크라테스는 '사용하는 것'과 '사용되는 것'이라는 구분을 통해 인간의 영혼을 증명했지만, 데카르트는 생각의 기능을 역으로 활용하여 인간의 정신을 증명했다. '의심'하며 생각하는 인간의 정신이 가장 확실한 실체(實體)가 된다. 그 결과 정신을 제외한 나머지 것은 자동적으로 물질이라는 실체가 된다. 영혼과 육체로 나뉘었던 소크라테스의 이원론이 데카르트에 와서는 정신과 물질로 더욱 세분화된 것이다.

생각하는 인간, 그래서 스스로 존재 근거를 찾은 인간. 데카르트는 개인보다 공동체를, 학문보다 교회를 우선시하던 시대에 개인의 중요성을 발견했다. 그리고 인간은 누구나 진리를 깨달을 수 있다고 하며 인간의 능력을 확신했다. 이러한 태도는 당시 철학에 큰 영향을 줄 수밖에 없었다. 그때까지의 학문은 신학 중심이었고, 신이 생각의 중심이었다. 그러나 데카르트 이후로는 인간이 생각의 중심이 되었다. 인간이 진리를 깨달을 수 있다는 자신감은 과학 발전에 많은 영향을 주었다. '인간 주위'의 자연과 환경에 대한 지식을 얻고 그러한 지식을 마음껏 이용할 수 있다는 자신감이 생기게 되었다. 데카르트에 의해 비로소 근대적 개인이 탄생한 것이다.

오늘날 데카르트가 중요한 이유

17세기에 살았던 데카르트는 인간 이외의 다른 동물은 모두 기계로 취급했다. 생각이 없으니 기계인 것이다. 그렇다면 데카르트가 지금 다시 태어난다면 어떤 문제에 부딪치게 될까?

인간과 기계를 구분할 수 있는 기준으로, 기계는 자기 생각을 나타내기 위해 말이나 신호를 사용할 수 없다고 데카르트는 생각했다. 말하는 기계가 나온다 해도 인간처럼 상황에 따라 말을 바꾸거나 할 수 없다. 그런데 지금은 과학기술이 발달하면서 아이폰 시리처럼 스스로 '학습하는' 인공지능 프로그램이 등장했다. 학습의 결과 인간보다 더 정확히 진단하는 의사 로봇, 창작하여 글을 쓰는 작가 로봇, 기사를 쓰는 기자 로봇과 체스, 바둑의 최고수를 이기는 인공지능 로봇 또한 만들어졌다. 데카르트는 이 로봇을 기계라고 할까, 사람이라고 할까? 더군다나 영화 「A. I.에 나오는 아이처럼 사람과 똑같은 모습을 지니고 똑같이 행동해서 사람인지 로봇인지 구분할 수 없다면?

그렇다고 데카르트의 생각이 시대에 뒤떨어지고 필요 없는 것은 아니다. 확신할 수 없지만 아직은 인공지능이 인간을 지배하는 시대가 아니다. 그리고 오늘날 인간의 활동 영역은 인터넷 접속을 통해 사이버 공간으로 확장되었다. 사이버 공간은 우리의 정신을 다양한 영역으로 분화시키고, 우리의 생각을 전 세계로 확장시키며, 우리가 잠든 사이에도 가상공간 내에서 생각하도록 만들어준다. 이것이 바로 오늘날 현대사회에서 '나'의 모습이다. 자기 경계가 허물어진 것이다.

하지만 데카르트라면 어땠을까? 데카르트라면 절대 자신의 정체성에 혼란을 느끼지 않았을 것이다. 왜냐하면 데카르트는 모든 것을 의심했기 때문이다. 사이버 공간이나 스마트폰 속의 수많은 계정을 통해 자기 자신이 여러 개로 나누어졌을 때, 그리고 자기 경계가 허물어졌을 때, 어떤 것이 진정한 자기 자신인지 말해줄 수 있다는 점에서 오늘날 '나는 생각한다, 고로 나는 존재한다'고 주장한 데카르트의 생각은 매우 중요하다. 하지만 인간에게 존재만큼 중요한 것은 의미 있는 행동이다.

그리고 학습을 통해 생각하는 오늘날의 기계는 인간을 닮아가지만, 생각하는 한편 의심할 수 있는 인간의 특징은 매우 중요하다. 만약 '학습하는' 인공지능 프로그램이 의심하는 능력까지 갖게 된다면 영화 「터미네이터」나 「매트릭스」에서 일어나는 일이 곧 다가올 미래에 펼쳐질지도 모른다.

데카르트 1596~1650년 ✳━━━━━━━━━━━━━━━━━━

프랑스 투렌의 소도시 라에에서 부유한 귀족 집안에서 태어났다. 한 살 때 어머니가 세상을 떠났고, 열 살 무렵 예수회가 운영하는 학교에 입학하여 8년간 고전어, 수사학, 철학, 물리 등을 공부했다. 기숙사 규칙이 엄격했지만 데카르트는 건강상의 이유로 늦잠을 잘 수 있도록 허락받았다. 졸업 후 법률가가 되기를 바라는 아버지의 뜻에 따라 프와티에 대학에 입학했지만, 1616년 '세상이라는 큰 책'을 배우기 위해 대학을 떠났다. 1618년부터 몇 년 동안 군대에 입대해 전투에 참전했다. 데카르트는 병영 막사에서 철학적 사색에 잠기곤 했다.

1628년 네덜란드로 간 데카르트는 1649년까지 그곳에서 살았다. 네덜란드는 유럽의 다른 곳에 비해 종교적, 사상적으로 자유로웠다. 1637년 데카르트는 프랑스어로 쓴 최초의 철학서인 『방법서설』을 출간했다. 그 후 『성찰』 초판본과 『철학의 원리』를 출간했다. 1642년경부터 데카르트는 크게 주목받았다. 그러나 네덜란드의 신학자와 철학자들은 공공연히 그를 비난했다. 마침 교양이 넘치는 스웨덴 여왕이 데카르트를 교사로 초빙하여 1649년 가을 스톡홀름으로 갔다. 그리고 이듬해에 폐렴으로 세상을 떠났다.

5

애덤 스미스,
일상 속 인간을 설명하다

Adam
Smith

나는 산다, 그러므로 나는 존재한다

초당 1,000만 가지의 정보를 처리할 수 있는 인간의 뇌는 효율적으로 작동하기 위해 40여 가지 정보를 제외한 나머지는 기존의 기억 정보로 대체한다. 처음 운전할 때와 달리 나중에는 아무 생각 없이 운전하게 되고, 집 안에 뭐가 있는지 자세히 기억하지 못하지만 별 불편함 없이 살며, 졸린 눈으로도 알아서 회사나 학교에 가는 등 거의 대부분의 일상생활을 별 생각 없이 해나간다. 현대 심리학자들은 우리가 보는 것의 99퍼센트는 기억으로부터 투영된 것이고, 감각기관에 의해 새롭게 추가되는 것은 1퍼센트에 불과하다고 말했다. 우리가 여행을 가고, 오지를 탐험해도 과거의 기억으로부터 자유로울 수 없다는 뜻이다.

과거의 기억으로부터 투영된 99퍼센트의 정보는 무의식의 영역에 저장돼 있고 별 생각 없이 일상생활을 하게 해준다. 일상이 단조로운 이유는 인간이 의식적인 판단을 하기 전에 뇌가 먼저 판단하기 때문이다. 이처럼 무의식은 우리 머리가 막대한 정보처리로 뜨거워지는 것을 막아준다. 다만 새롭게 추가되는 1퍼센트의 정보만이 의식의 영역에 있다. 이런 의미에서 데카르트의 '나는 생각한다, 그러므로 나는 존재한다'라는 말은 그 1퍼센트를 확인하는 외침에 불과하다. 데카르트의 외침이 생각의 확실한 출발점임을 인정한다 해도 큰 의미로 다가오지 않는 이유는 과거 기억으로부터 투영된 99퍼센트의 무의식적 일상이 우리를 지배하기 때문이다. 그러므로 정작 탐험의 장소는 오지가 아니라 무의식적인 일상 공간일 것이다.

그렇다면 기억으로부터 투영된 99퍼센트의 무의식적 일상을 나타내는 말은 없을까? 데카르트의 1퍼센트의 외침에 대비해 생각해본다면, 오늘날 현대사회를 사는 우리는 아마도 다음과 같이 말할 것이다.

"나는 산다(buy), 그러므로 나는 존재한다(live)."

산다? 영어의 live와 buy 모두에 해당하는 말이다. 중의적인 우리말의 아름다움이 새삼 자랑스럽다. 자신이 살아 있음을 소비 행위로 확인하는 오늘날의 대량 소비사회를 이보다 잘 표현할 수 있을까. 굳이 지름신의 강림이 아니더라도, 무엇이든 거래하고 소비하는 자본주의 시대를 사는 현대인에게 소비의 중단은 곧 죽음을 의미한다. 사지 못하면 살지 못하는 것이다. 그리고 이렇게 보든 저렇게 보든 '잘 사는(buy) 것'이 곧 '잘 사는(live) 것'이 되어 버렸다. 그런데 도대체 언제부터 이렇게 되었을까?

'잘 사는 것'이 곧 잘 사는 것이 된 현실을 1퍼센트의 의식을 활용하여 처음으로 정리한 사람이 애덤 스미스였다. 그는 흔히 '경제학의 아버지'로 불린다. 그런데 애덤 스미스가 살았던 시대에는 '경제학'이 독립된 학문이 아니었고 그는 일생 동안 '경제학'이라고 이름 붙인 강의를 해본 적이 없었다. 애덤 스미스는 스코틀랜드에 있는 글래스고 대학의 도덕철학 담당 교수였다.

서양의 도덕철학에서 말하는 도덕(moral)은 '습속'이라는 뜻을 지녔다. 습속이란 습관과 속성, '인간의 대체적인 행동양식'이라는 뜻을 지니고 있다. 이는 사람들은 왜 일을 하고, 어떻게 서로 관계를 맺으며 일상생활을 하는가와 연관되어 있다. 이렇게 본다면 도덕철학은 오늘날의 심리학 혹은 사회학, 경제학과 같다고 할 수 있다. 무의식적 일상을 사는 인간 사회를 연구했다는 점은 다른 모든 사상가와 구별되는 애덤 스미스만의 독창성이다.

애덤 스미스는 아리스토텔레스를 포함하여 기존 1퍼센트의 의식에 불과한 철학을 철저히 배격했다. 과거의 철학은 하나의 이상적인 법칙이 있으며 인간은 그것을 따라야 한다는 생각이 강했기 때문이다. 하지만 개인의 자유가 확장되는 근대에 이르러 사회는 복잡해지고 그 구성원인 자유로운 개인은 각각의 삶을 살게 되었다. 이전에는 소수의 똑똑한 철학자나 위인이 만드는 이상적인, 단 하나인 법칙과 제도가 통했지만 이제 다수의 자유로운 개인에 근거한 다양한 경제 활동이 본격화된 것이다. 그래서 애덤 스미스는 그의 저서인 『도덕 감정론』에서 정치적(사회적) 자유를 다뤘고, 『국부론』에서 경제적 자유에 대해 말했다. 개개인의 99퍼센트의 일상생활에 주목한 것이다.

근대의 다른 계몽주의자들과 마찬가지로 애덤 스미스는 모든 인간에게는 자유의지가 있다고 생각했다. 그래서 모든 인간은 평등하며, 이것이 자연권이라고 생각했다. 그런데 개개인의 자연권이 무한대로 발현되면 홉스가 말한 대로 개인 사이에 전쟁이 발생할 수 있다. 이러한 상태를 벗어나기 위해 동시대 계몽철학자인 홉스나 로크, 루소는 자유로운 개인들이 사회계약을 맺는다고 생각했다. 하지만 눈에 보이지 않는 사회계약이 가능한 이유는 무엇일까?

애덤 스미스는 『도덕 감정론』을 쓰기 전에 『법학 강의』에서 사회계약이 가능한 이유에 대해 말했다. "설득과 환심이 아니라, 그 일을 상대방에게 도움이 되는 일로 만들거나 그렇게 보이도록 만들지 못한다면 원하는 것을 얻기 힘들다. 사랑만으로는 부족하다. 어떤 방식으로든 상대방의 자기애에 호소해야 한다", "이와 마찬가지로 원하는 것을 얻고 싶다는 강렬한 유혹보다는 동료의 자기애를 자극해야 한다. 그러기 위해서는 다음과 같이 말해야 한다. '내가 원하는 이것을 주세요. 그러면 당신은 당신이 원하는 저것을 얻을 것입니다'"라고.

그리고 『도덕 감정론』에서 다음과 같이 말했다.

"협상하는 사람은 원하는 모든 것을 얻을 수 없다. 아무것도 주지 않거나 보잘것없는 보상을 제시하면서 모든 것을 요구하는 이기심은 협상을 깨뜨릴 뿐이다. 협상이 타결되기를 원한다면 이기적인 욕망을 수정하고 상대가 수용할 만한 수준의 보상을 제시해야 한다."

애덤 스미스는 눈에 보이지 않는 사회계약이 가능한 이유가 모든 사람이 저마다 갖고 있는 '자기애'와 그에 근거해 제시되는 '상대가 수용할 만한 내용'이라고 말했다. 그리고 '자기애'가 상대방에게 수용되는 이유는 '공감' 혹은 '동감' 때문이며, 이를 통해 사회계약이 가능하다고 생각했다. 다른 사람을 자신과 같다고 생각하는 마음 때문에 눈에 보이지 않는 사회계약이 가능하다고 본 것이다. 애덤 스미스가 동양의 공자를 알았는지 모르지만, 그의 '동감'은 공자의 서(恕)를 떠올리게 한다.

다른 사람을 자신과 같다고 여기는 동감은 인간이 태어날 때부터 갖고 있는 것으로, 공자와 마찬가지로 애덤 스미스에게도 사회적 유대의 기초가 되었다. 하지만 현실적으로 인간은 태어날 때부터 지닌 동감만으로 살아가지 않는다. 동감 이전에 자기 자신을 먼저 생각한다. 자기 자신을 먼저 생각하는 마음을 스미스는 '자기애' 또는 '이기심'이라고 했다. 이는 앞서 인용한 글에서 나오는 자신만 아는 이기심과는 다르다. 좀 더 정확히 말하면 남에게 피해를 주지 않는 한도 내에서 이루어지는 자기 이익 추구이다. 이는 자유주의의 기본 가치이기도 하다.

애덤 스미스는 이익 추구를 인간 개개인의 본래 모습이라고 생각했다. 그런데 이 대목에서 '어부가 태연하게 뱀 같은 뱀장어를 잡고, 누에치는 여인은 아무렇지 않게 벌레인 누에를 만진다'고 말한 동양 사상가 한비자가 떠오른다. 그는 인간의 본성은 올바른 것보다는 이익을 추구한다고 파악했다. 이익 추구가 인간의 본성을 바꿔놓는 것이 아니라 곧 인간의 본성이라고 한비자는 생각했다.

오늘날 우리는 이기심을 무조건 나쁜 것이라 여기고 버리라고 교육받지만, 이기심은 쉽게 버릴 수 있는 것이 아니다. 왜냐하면 하나의 생명체로서 자기 자신을 가장 소중히 생각하는 것이 당연하기 때문이다. 그리고 지금 우리가 사는 일상은 자기 자신을 지키고자 하는 이기심에 근거해 유지되고 있다. 물론 남에게 피해를 주는 이기심은 버려야 한다.

'보이지 않는 손'에 지배당하는 현대인

공자와 한비자, 그리고 현대 심리학을 알고 있었던 것처럼 애덤 스미스는 각 개인이 당연히 갖고 있는 자기애와 이기심을 출발점으로 사회 현상을 설명하고자 했다. 그런데 과거와 현재, 동양과 서양, 시대와 지역이라는 시공간을 뛰어넘는 이런 공통점이 어떻게 생겨날 수 있었을까? 이는 마치 한참 미래에서 온 정신 여행자가 공자와 한비자의 뇌를 거치고 애덤 스미스의 뇌를 지나며 공통된 흔적을 남겨 놓은 듯하다.

우리가 저녁식사를 기대할 수 있는 것은 정육업자, 양조업자, 제빵업자들의 자비심 때문이 아니라 그들의 개인 이익을 추구하는 마음 때문이다. 사람은 누구나 생산물의 가치가 극대화되는 방향으로 자신의 자원을 활용하려고 노력한다. 사람은 공익을 증진하려고 의도하지 않으며 또 얼마나 증대시킬 수 있는지 알지 못한다. 사람은 단지 자신의 안전과 이익을 위하여 행동할 뿐이다. 그러나 이렇게 행동하는 가운데 '보이지 않는 손'의 인도를 받아서 원래 의도하지 않았던 목표를 달성할 수 있게 된다. 이와 같이 사람은 자신의 이익을 열심히 추구하는 가운데 사회나 국가 전체의 이익을 증대시킨다.

– 애덤 스미스 「국부론」 중에서

애덤 스미스의 핵심 아이디어가 담긴 『국부론』의 일부이다. 애덤 스미스는 물건을 만드는 사람이나 농작물을 키우는 농부, 바다에서 고기를 잡는 어부나 직장인, 알바생 모두 목적은 똑같다고 생각했다. 그것은 바로 자기 자신의 이익을 늘리는 것으로, 쉽게 말해 돈 버는 행위를 한다는 것이다. 애덤 스미스는 자신의 이익을 추구하는 이기심을 모든 경제 행위의 출발점이라고 보았다. 이러한 이기심은 결국 '나는 산다, 그러므로 나는 존재한다'라는 말에 근거한다. 살기 위해서 사고, 살기 위해서 파는 것이다.

애덤 스미스는 99퍼센트의 일상적 무의식에 주목한 결과 놀라운 발견을 했다. 바로 '보이지 않는 손(invisible hand)'이다. 애덤 스미스는 모든 사람이 99퍼센트의 일상적 무의식, 즉 이기심에 따라 행동하면 이른바 보이지 않는 손에 의해 전체 경제활동이 조화를 이루게 된다고 말했다. 이것이 바로 경제학의 기본인 '수요와 공급의 법칙'이자, '시장 법칙'이라고 불리는 '보이지 않는 손'이다. 공급과 수요에 의해 상품 가격이 결정되고, 역으로 상품 가격이 공급과 수요를 적절하게 조절하는 시스템을 '보이지 않는 손'이라고 표현한 것이다.

'보이지 않는 손'은 누가 만든 것이 아니다. 단지 애덤 스미스가 발견했을 뿐이다. 사회과학의 탄생에 기여한 프리드리히 하이에크(Friedrich Hayek, 1899~1992)는 그의 '보이지 않는 손'이라는 은유적 표현을 '자발적 질서'라고 설명했다. 이기심에 근거한 자유로운 개인의 행동으로 누구도 의도하지 않은 '뜻밖의 질서'로서의 조절 시스템을 발견한 것이다. 그런데 애덤 스미스는 '보이지 않는 손'이라는 은유적 표현에 사실 큰 의미를 두지 않았다. 이 표현은 『국부론』에 단 세 번밖에 나오지 않았고, 애덤 스미스는 이 표현을 다른 의미로 활용하려 하지도 않았다. 하지만 오늘날 사회 전체로 보면 비록 왜곡되었음에도 '보이지 않는 손'의 힘은 여전히 유효하다.

애덤 스미스에 따르면 '보이지 않는 손'인 공급과 수요의 법칙에 의해 가격이 결정되며, 이후 가격 변동에 따라 공급과 수요가 적절하게 조정된다. 그렇다면 국가 또는 정부가 할 일은 무엇일까? 애덤 스미스의 주장에 의하면 국가 또는 정부가 간섭하지 않는 것이 할 일이다. 경제를 돌아가게 하는 것은 결국 국가나 국가가 만들어낸 규제가 아니라 시장이기 때문이다. 이를 '자유방임주의'

혹은 '시장만능주의'라고 한다.

> 여러분은 선의의 법령과 규제로 경제에 도움을 주고 있다고 생각한다. 그러나 그렇지 않다. 자유방임하라. 간섭하지 말고 그대로 내버려두라. '이기심이라는 기름'이 '경제라는 기어(gear)'를 거의 기적에 가까울 정도로 잘 돌아가게 할 것이다. 계획을 필요로 하는 사람은 아무도 없다. 통치자의 다스림도 필요 없다. 시장은 모든 것을 해결할 것이다.
>
> – 애덤 스미스 「국부론」 중에서

하지만 오늘날 자유방임주의를 철저하게 실행하는 나라는 없다. 시장의 순기능은 작동하지만 반대로 역기능도 많기 때문이다. 아무 규제 없이 시장을 내버려두면 수요와 공급의 법칙을 벗어나는 거대 독점기업이 자기 이익 추구를 위하여 시장 질서를 왜곡시키고, 결국 모든 구성원에게 피해를 주게 된다. 이처럼 오늘날의 현실은 생산자와 소비자가 '보이지 않는 손'에 의해 모두 이익을 얻는다는 애덤 스미스의 생각과는 다르다. 물론 사회 구성원인 기업이나 소비자가 모두 자기 이익을 위해 경제활동을 한다는 말은 맞다. 하지만 그 결과가 모두에게 이익이 되지는 않는다.

오늘날 거대 독점기업의 일감 몰아주기는 수요와 공급의 법칙에서 자유롭다. 이와 달리 대다수의 개인은 여전히 수요와 공급의 법칙이라는 보이지 않는 손의 지배를 받는다. 그래서 경쟁이라는 이름 아래 개인은 학력을 높이고, 외모를 돋보이게 하려고 몸

부림친다. 경쟁에서 승리하여 더 잘살기 위해, 즉 더 잘 사기 위해 스스로를 채찍질한다. '나는 산다, 그러므로 나는 존재한다'는 말을 증명이라도 하듯. 이로 인해 우리의 일상생활은 단순하고 안락하지만은 않다. 단지 피곤하고 피로할 따름이다. 한병철 교수가 '피로사회'라고 말했듯 현 시대는 인간이 자기 스스로를 노예처럼 과잉노동으로 몰고 가는 자기착취 시대가 되었다.

애덤 스미스의 시장 실패

애덤 스미스는 순전히 개인적이고 학문적인 차원에서 1764년에 글을 쓰기 시작하여 12년 후인 1776년에 자신의 대표작이 된 『국부론』을 발표했다. 이 책에서 스미스는 당시 영국의 경제 정책을 비판하며 보호주의에서 자유무역으로 정책 방향을 바꾸려 했다. 보호주의는 자국의 산업을 보호하기 위해 수출을 장려하고 수입을 막는 것이다. 그렇게 하여 외국에서 들여오는 물건에 높은 세금을 부과했다. 그러나 애덤 스미스는 『국부론』에서 이를 비판하며 자유롭게 무역을 해야 한다고 주장했다. 그는 '이기심이라는 기름이 경제라는 기어(gear)를 거의 기적에 가까울 정도로 잘 돌아가게 할 것'이라고 낙관했다.

애덤 스미스는 국가의 부를 축적하려면 우선 자본을 많이 모아야 한다고 했다. 자본의 규모가 크면 클수록 생산성이 높아진다고 생각한 것이다. 그러니 근검절약해서 저축을 하라고 했다. 이는 정부도 마찬가지였다. 그는 공무원을 지나치게 늘리거나 전쟁 준비에 돈을 너무 많이 쓰면 안 된다고 했다. 정부의 역할은 사회 질서 유지에 한정하고, 모든 것은 보이지 않는 손이 작동하는 시장에 맡겨야 한다는 것이 애덤 스미스의 기본적인 생각이었다.

그렇다면 시장이란 무엇일까? 시장이란 기본적으로 수요와 공급의 법칙에 따라 필요한 재화가 사고 팔리는 곳이다. 자본주의 경제에서는 시장에서 거래되는 모든 재화를 '상품'이라고 한다. 그러므로 시장이란 마을의 재래시장을 포함하여 상품 거래가 이루어지는 모든 곳이다. 증권, 교육, 인력, 정보, 부동산, 관광, 에너지 등 거래되는 상품에 따라 다양한 시장이 존재한다. 그리고 인간 또한 시장 속에서 가격이 매겨지는 상품이다.

그러나 모든 것을 시장에 맡겨야 한다는 애덤 스미스의 생각은 20세기 이후 전혀 예상하지 못한 현실의 벽에 부딪치고 말았다. 그것은 제1·2차 세계대전의 발발과 대공황의 발생이었다. 시장 기능의 실패를 뜻하는 이 엄청난 사건들은 애덤 스미스를 순진한 어린아이로 만들어버렸다.

1998년 우리나라가 겪었던 IMF 사태나, 2008년 세계 금융위기 또한 시장 기능의 실패를 뜻한다. 최근 하우스 푸어를 만든 부동산시장의 실패나, 에듀 푸어와 반값 등록금 문제를 가져온 교육시장의 실패도 있다. 실업 문제와 88만 원 세대, 그리고 골목상권과 과잉 교육열도 시장의 역기능이 초래한 문제들이다. 애덤 스미스의 생각처럼 시장은 만능 해결사가 아니었던 것이다.

이러한 상황에서 애덤 스미스의 보이지 않는 손이 문제를 해결해주길 기다릴 수는 없을 것이다. 시장 실패로 이익을 독점하는 소수의 사람과 이에 멋모르고 동조하는 바보가 아니라면 눈에 보이는 손이 필요하다는 것을 알 수 있다. 눈에 보이는 손이란 바로 국가, 정부이다. 시장을 보이지 않는 손에만 맡길 것이 아니라, 국가가 시장에 개입해야 한다고 최초로 주장한 대표적인 경제학자가 케인스(John Maynard Keynes)였다.

케인스는 1883년 영국에서 태어나 케임브리지 대학에서 공부했다. 케인스는 근검절약이 지나치면 오히려 경제가 파탄에 빠질 수 있다고 주장했다. 소비자들이 너무 절약한 나머지 물건을 안 사면 생산자는 망할 수밖에 없다는 것이다. 그러니 소비는 좋은 것이라고 케인스는 주장했다. 소비가 늘어나면 그만큼 공장에서 물건을 많이 만들어야 한다. 그리고 소비가 늘어나기 위해서는 많은 일자리가 필요하고, 소비에 필요한 적정한 임금이 보장되어야 한다. 그렇게 되면 경제가 성장한다는 것이다.

이렇게 해서 '나는 산다, 그러므로 나는 존재한다'는 자본주의 소비사회의 캐치프레이즈가 케인스에 의해 전면에 등장했다. 사실 케인스는 애덤 스미스처럼 사회 구성원 개개인의 일상 심리에 관심을 두지 않았다. 케인스는 경제 전체를 넓게 보고 다루는 거시경제학자였을 뿐, 이기심과 같은 미시적인 일상 심리도 탐구한 애덤 스미스와는 달랐다. 미시적인 일상 심리 탐구는 애덤 스미스의 공과 중에서 '공'이고, 시장 실패는 '과'라고 할 수 있다. 애덤 스미스의 시장 실패를 극복하는 방법에 대해 거시경제학자인 케인스는 다음과 같이 말했다.

"고용을 충분히 확보하려면 투자를 늘려야 한다. 투자의 증가는 소득의 증가를 가져오고, 소득이 늘어나면 소비재의 수요도 한층 증대해 그것이 한층 더 고용과 소득을 증가시킨다. 따라서 민간 투자가 활발하면 소비재의 수요도 한층 증대하며 그것이 한층 더 고용과 소득을 증가시킨다. 따라서 민간 투자가 활발하지 않은 불황에는 공공사업에 대한 정부의 투자가 국민 소득을 현저히 증가시킨다."

– 케인스 「고용·이자 및 화폐의 일반이론」 중에서

케인스가 이런 말을 한 이유는, 애덤 스미스의 생각과 달리 현실에서는 수요와 공급의 법칙이라는 보이지 않는 손이 제대로 작동하지 않았기 때문이다. 그래서 케인스는 애덤 스미스의 보이지 않는 손 대신 보이는 정부의 손이 필요하다고 생각했던 것이다. 이것이 이른바 수정자본주의 이론이다. 이처럼 국가의 역할에 대해 애덤 스미스와 케인스는 정반대의 주장을 펼쳤다. 애덤 스미스는 국가가 경제에 간섭하지 말아야 한다고 했던 반면, 케인스는 국가가 경제에 적극 관여해야 한다고 주장했다.

경제 성장과 안정을 위해 소비를 늘려야 한다고 주장한 케인스는 국가가 경제에 적극 관여하는 방법으로 우선 소비자에게 소비할 능력을 만들어줘야 한다고 말했다. 이것은 복지정책을 통해서 가능하다. 노동자와 기업의 관계에서 노동자의 권리를 보장해주는 것도 한 예가 될 수 있다. 그밖에 생산자들이 지나치게 경쟁을 하지 못하도록 규제할 수 있다. 또한 국가가 앞장서서 대규모

공사를 벌일 수도 있다. 대표적인 사례가 바로 미국의 뉴딜 정책이다. 뉴딜 정책은 케인스의 건의에 따라 채택된 경기 회복 정책으로, 오늘날까지 본보기가 되고 있다. 제2차 세계대전 이후 세계 각국은 케인스의 주장에 따라 정부가 경제 전반에 적극적으로 개입하는 모습을 띄었다.

하지만 그 후로 시장 중심의 자유(방임)주의가 '신자유주의'라는 이름으로 새롭게 제기되고 있다. 신자유주의란 애덤 스미스의 자유(방임)주의를 오늘날의 현실에 맞게 재적용한 것이다. 신자유주의에서는 자원 배분에 있어 시장이 갖는 순기능을 정부의 시장 개입이 왜곡시켰다고 주장한다. 그래서 시장의 자율성을 최대한 보장하기 위해 정부의 시장 개입을 최소로 해야 한다고 말한다. 미시경제와 거시경제, 개인적 이기심과 사회적 조화의 균형이 필요한 오늘날이다.

애덤 스미스 1723~1790년　✳─────────────────────────

　스코틀랜드에서 세무 관리의 아들로 태어났다. 애덤의 부친은 아들이 세례받기 약 6개월 전에 사망했다. 열네 살 때 글래스고 대학에 입학하여 윤리철학을 공부하였다. 1740년 옥스퍼드 대학에 장학생으로 입학하였으나, 대학 생활이 만족스럽지 않아 1746년에 자퇴하였다. 1748년에 케임스경의 후원하에 에든버러에서 공개강의를 했는데, 호평을 받고 1751년 글래스고 대학 논리학 강좌의 교수가 되었다. 1750년경 데이비드 흄을 만나 이후 돈독한 관계를 유지했다.

　1759년 『도덕 감정론』을 발표하여 유럽에서 명성을 떨쳤다. 1764년부터 귀족 아들의 가정교사로서 유럽여행을 시작했다. 2년에 걸쳐 프랑스 등 여러 나라의 행정 조직을 시찰하고 중농주의 사상가들과 만나 그들의 사상과 이론을 접했다. 귀국 후 저술 활동에 전념하여 1776년 유명한 『국부론』을 발표하였다. 이 책은 경제학 사상 최초의 체계적 저서로 그 후 여러 학설의 바탕이 되었다. 1787년 글래스고 대학 학장을 지냈다. 그는 영국 정통파 '경제학의 아버지'라고 불리며, 윤리학자로도 알려져 있다.

─────────────────────────────────────

6

칸트, 마지막 철학자

Immanuel
Kant

칸트의 순수이성

칸트 이전의 철학자들은 크게 두 부류로 나눌 수 있다. 집안에 돈이 많아서 일할 필요가 없어 취미로 철학을 하는 사람 아니면 정치 같은 다른 일을 하면서 부업으로 철학을 하는 사람이었다. 그런데 칸트는 철학이 곧 직업이었던 최초의 인물이다. 최초의 직업 철학자가 최후의 철학을 완성했으니, 철학의 운명은 아이러니하다. 물론 철학을 지혜에 대한 사랑이라고 본다면 칸트 이후로도 많은 훌륭한 철학자들이 있다. 지혜에 대한 사랑은 인간의 기본적인 욕구이지 않은가. 하지만 철학을 인간과 세계에 대한 전체적인 발견과 체계적인 설명이라고 할 때는 칸트가 마지막 철학자가 된다. 칸트 이후 인간과 세계에 대한 전체적이고 체계적인 발견은 철학자가 아니라 과학자들이 주도했기 때문이다. 칸트는 소크라테스나 공자처럼 인간의 통찰을 활용한 마지막 철학자였다.

"나는 생각한다, 그러므로 나는 존재한다"는 데카르트의 외침은 '인간이란 무엇인가?'에 대한 답이었다. 그리고 일상을 사는 인간 사회를 최초로 연구하여 '보이지 않는 손'을 발견한 애덤 스미스는 '세계란 무엇인가?'에 대해 답을 제시했다. 칸트 철학에서는 '인간과 세계의 '관계'란 무엇인가?'가 핵심 주제였다. 이 '관계'에 대해 칸트는 인간의 이성(理性)을 매개로 설명했다. 칸트에게 인간의 이성은 인간을 설명하는 것만이 아니었다. 과연 이성이란 무엇일까?

> 선천적 원리에 의한 인식능력을 순수이성이라고 부른다. 이 순수이성 일반의 가능성과 한계에 대한 연구가 바로 순수이성비판이다. 이 순수이성의 능력은 이론적 사용에서 이성을 의미한다. 그것은 실천이성으로서 이성의 능력을 그 원리에 따라 연구하고자 하는 것은 아니다. 따라서 순수이성비판은 단지 사물을 선천적으로 인식하는 우리 능력을 따질 뿐이다.
>
> – 칸트 『판단력비판』 서언 중에서

위의 글은 칸트 철학의 출발점을 가장 잘 보여주고 있다. 여기에서 순수이성비판이라고 할 때의 '비판'은 순수이성을 반대한다는 뜻이 아니다. 비교하고 판단해서 더 정확히 안다는 뜻이다. 칸트가 말하는 인간의 순수이성은 사물을 선천적으로 인식하는 능력을 말한다. 선천적이란 태어날 때부터 갖고 있는 능력이다. 자라면서 받는 교육이나 경험을 통해 얻는 것이 아니다. 태어날 때부터 갖고 있는 인간의 '순수이성'이 바로 우리가 흔히 사용하는 이성의 본래 뜻이라고 칸트는 말했다. 그래서 이성의 작용이나 역할을 말하기 이전의 이성이란 뜻에서 '순수이성'이라고 한 것이다.

그렇다면 칸트는 왜 인간의 선천적인 인식능력을 고민하게 되었을까? 그것은 칸트가 살았던 시대의 분위기를 살펴보면 알 수 있다. 칸트가 태어나기도 훨씬 전인 1687년에 뉴턴은 『자연철학의 수학적 원리』라는 책을 발표했다. 이 책에서 뉴턴은 자연 현상을 과학적으로 설명해 놓고, 모두가 뉴턴의 생각을 받아들였다. 그리고 사람들은 과학으로 자연과 사회의 모든 현상을 설명할 수 있다고 생각했다. 뉴턴의 등장으로 인해 철학은 과학에 자리를 내주기 시작했다. 뉴턴이 발견한 만유인력의 법칙은 신보다 더 정확하게 우주의 운동법칙을 설명했다. 칸트 역시 뉴턴의 영향을 받지 않을 수 없었다.

칸트는 뉴턴의 발견이 진리라고 인정했다. 그러나 뉴턴의 발견 역시 인간의 이성을 사용한 것이지, 이성 자체를 설명한 것은 아니다. 인간의 이성을 설명하기 위해 칸트는 뉴턴의 이론 속에서 인간의 이성이 어떻게 사용되었는가를 먼저 생각했다. 우선 칸트는 뉴턴이 밝혀낸 법칙을 '선험적 종합 판단'이라고 했다. '선험적(先驗的)'은 '선천적(先天的)'과 비슷한 말로, 경험에서 얻은 것이 아니라는 뜻이다. 경험은 필연이라기보다 우연적이다. 경험은 사람과 상황에 따라 달라질 수 있다. 그러나 선험적인 것은 보편적이고 필연적이다. 예를 들어 1 더하기 2가 3이라는 것은 우리가 실제로 경험해보기 전에도 진리이다.

> 우리의 모든 지식은 경험과 함께 시작하지만, 그렇다고 해서 바로 경험으로부터 생겨나지는 않는다.
>
> — 칸트 『순수이성비판』 서론 중에서

이 말은 우리가 여러 감각을 통해 얻은 자료는 그 상태 그대로 지식이 될 수는 없다는 뜻이다. 예를 들어 날씨가 추워지는 것을 경험하더라도 그것을 계절이 바뀌는 것과 연관시켜 생각하지 못하면, 여름에는 날씨가 덥고 겨울에는 추워진다는 생각을 할 수 없다. 이처럼 감각을 통해 얻은 자료는 하나로 통일시켜야 한다. 이것을 위해서는 일정한 틀, 즉 형식이 필요하다.

인간에게는 시간이 흘러가는 것을 지각할 수 있고, 어제와 오늘, 내일이 다르다는 것을 알 수 있는 틀이 있다. 위아래, 앞뒤 등의 공간을 인식하는 틀이 있다. 칸트는 인간이 태어날 때부터 이 틀을 가지고 태어난다고 생각했다. 배워서 아는 것이 아니라 태어날 때부터 갖고 있으니 선험적인 것이다. 이 틀이 바로 순수이성이다. 만약 이것이 없다면 뉴턴의 만유인력 법칙이 만들어지는 것은 애초에 불가능했을 것이다. 그러므로 선험적 종합판단이란 선험적 형식이라는 이성이 주체가 되어 주어진 경험을 종합적으로 판단하는 것이다. 떨어지는 사과를 본 경험만으로는 부족하다. 칸트는 뉴턴이 사용했지만 설명하지는 못한 이성(理性)을 설명한 것이다.

하지만 칸트가 시간과 공간이라는 선험적 형식을 과학적으로 증명한 것은 아니다. 과학자인 뉴턴조차 시간과 공간이 과연 무엇인지 설명하지 못했다. 다만 시간과 공간을 전제해야 그 밖의 모든 것을 설명할 수 있기 때문에 시간과 공간을 기본 전제로 삼은 것이다. 시간과 공간이 과연 무엇인지는 이후 아인슈타인에 의해 과학적으로 증명되었다. 뉴턴이나 칸트도 못했던 것을 해냈기에 아인슈타인은 위대한 과학자라 불리고 있다.

아인슈타인의 상대성이론에 의하면 시간과 공간은 절대적인 것이 아니라 상대적이며, 고정된 것이 아니라 변화하는 것이다. 뉴턴이 시간과 공간으로 물체를 설명했다면 아인슈타인은 물체를 통해 시간과 공간을 설명했다. 아인슈타인에게 시간과 공간은 물체의 속성이므로, 물체의 속도와 무게에 따라 시간과 공간이 달라진다. 예를 들어 빛은 시간과 공간이 거의 제로에 가까운 상태이고, 태양에서는 지구에서보다 시간이 느리게 간다. 실제로 지구 위에서의 1초는 태양 위에서의 1.00002초와 같다.

코페르니쿠스적 전환

데카르트가 기하학과 대수학을 통합하기 위해 사용했던 x축과 y축은 뉴턴에 의해 시간축과 공간축으로 발전하여 세계를 설명하는 만유인력의 법칙이 되었다. 그리고 칸트에 와서는 시간과 공간이라는 선험적 형식 즉, 인간의 순수이성이 되었다. 구체적으로 현실에 적용되는 이성을 칸트는 12가지 범주로 구성된 '오성(悟性)'이라고 불렀다. 인간에게는 이성과 오성이라는 선험적인 틀이 있기 때문에 경험을 지식으로 만들 수 있다. 우리가 감각을 통해 얻는 자료가 바로 경험이고, 경험이 없으면 지식을 얻을 수 없지만 경험 그 자체가 바로 지식이 되는 것은 아니다.

칸트가 발견한 선험적인 형식은 현대 심리학이 실험을 통해 조심스레 내놓는 주장과도 일치한다. 예를 들어 여기에 동그란 공이 하나 있다. 우리는 그것을 보고 동그랗다는 것을 알 수 있다. 어떻게 공이 동그랗다는 것을 알 수 있을까? 칸트 이전에는 외부에 있는 대상의 성질을 우리가 그대로 받아들인다고 보았다. 그런데 칸트는 이것을 정반대로 설명했다. 우리가 가지고 있는 선험적인 형식, 그중에서도 공간 때문에 공이 동그랗게 보인다는 것이다. 칸트의 말에 따르면 우리는 공 자체는 사실 알 수 없다. 공이 우리 눈을 통과한 후 이성이라는 선험적 형식을 거쳐 들어온 모습만 알 수 있다. 마치 세상을 흑백으로 보는 개나 열로 느끼는 방울뱀, 소리로 느끼는 박쥐 등 다양한 동물이 다양한 방식으로 세상을 보는 것과 마찬가지다. 그렇다면 중요한 것은 무엇일까? 공 자체일까? 아니면 인간의 선험적인 형식일까?

이전에는 모든 철학자들이 우리의 외부 세계를 더 중요한 것으로 보았다. 그리고 인간이 어떻게 그것을 알 수 있을까 고민해 왔다. 그런데 외부 세계에 대해 이해하려면 우선 인간이 갖고 있는 생각하는 능력, 즉 칸트가 말한 선험적인 형식을 고려해야 한다. 인간이 세계를 이해할 때 기준이 되는 것은 과거에는 외부 세계였지만, 이제는 인간의 이성이다. 이런 의미에서 칸트는 자신의 철학을 '코페르니쿠스적 전환'이라고 말했다.

오늘날 '코페르니쿠스적 전환'을 이루어낸 것은 뇌과학 분야이다. 양자두뇌가설을 증명하는 현대 뇌과학에서는 '인간이 의식적인 판단을 하기 전에 뇌가 먼저 판단'한다고 말한다. 이는 인간의 뇌가 감각을 통해 얻은 자료인 경험이나 기억을 바탕으로 인간의 무의식적 행위를 이끌어낸다는 뜻이다. 만약 당신의 일상이 단조롭다면 그 이유는 아마도 의식적인 판단을 하지 않고 그저 뇌의 판단을 따르기 때문일 것이다.

애덤 스미스는 무의식적 일상생활을 사는 인간 사회를 최초로 연구하여 보이지 않는 손을 발견했다. 그리고 애덤 스미스 이전에 1퍼센트의 의식을 강조한 데카르트는 "나는 생각한다, 그러므로 나는 존재한다"고 외쳤다. 하지만 선험적인 형식을 발견하여 '코페르니쿠스적 전환'을 이룬 칸트는 데카르트와 애덤 스미스를 모두 비판하며 근대철학을 완성했다.

칸트는 『순수이성비판』에서 "개념 없는 직관은 맹목이고, 직관 없는 개념은 공허하다"고 말했다. 데카르트에서 보듯 경험 없는 의식은 맹목이며, 애덤 스미스에서 보듯 의식 없는 경험은 공허하다는 비판이었다. 형식이 없는 내용은 그것이 도대체 무엇인지 알 수 없으니 맹목이 되고, 내용이 없는 형식은 빈껍데기에 불과하므로 공허하다.

칸트의 최대 업적은 선험적 형식, 즉 인간의 이성이 무엇인지 처음으로 분명히 설명했다는 것이다. 인간에게는 선험적 형식이 있기 때문에 감각을 통해 얻은 자료를 정리해서 지식으로 만들 수 있다. 칸트는 경험의 중요성을 무시하지 않았고, 이성의 중요성 또한 간과하지 않았다. 그는 '인간과 세계의 관계란 무엇인가?' 하는 질문에 대해 인간의 이성(理性)을 매개로 설명했다. 순수이성, 즉 선험적 형식인 시간과 공간은 인간뿐만 아니라 인간을 둘러싼 세계 전체를 관통하는 하나의 법칙이다. 그리고 의심할 수 있는 능력을 인간 개개인에게 부여해준다.

모든 사람은 자기 스스로 판단할 수 있는 이성을 갖고 태어난다는 칸트의 생각은 단지 주장이 아니었다. 그것은 시간과 공간이라는 확실한 근거를 전제로 하고 있기 때문이다. 그래서 칸트에 따르면 모든 인간은 자유롭고 평등하다. 순수이성을 활용하여 자기 스스로 판단할 수 있기 때문에 자유로우며, 또한 그 능력을 선천적으로 갖고 태어나기 때문에 평등하다. 현실의 인간은 자유롭지도, 평등하지도 않을 수 있다. 그러나 칸트의 생각은 부자유스럽고 불평등한 현실을 극복하고 모든 인간이 자유롭고 평등해지기 위한 실천의 중요한 이론적 근거가 되었다.

모든 사람은 스스로 판단할 수 있는 순수이성을 갖고 태어난다. 그렇기 때문에 무엇을 하고, 하지 말아야 할지를 생각하는 실천이성 또한 누구나 갖고 있다고 칸트는 말했다. 칸트에게 실천이성은 도덕적 의지와 같은 것이었다. 도덕적 의지란 무엇일까? 예를 들어, 어떤 도둑이 주차된 차에서 물건을 훔치기로 마음먹고 돌로 자동차 유리를 깬 뒤 차 안을 들여다보았다. 그런데 안에는 어린아이가 혼자 남아 있었다. 밀폐된 차 안에서 오래 갇혀 있던 아이는 잘못하면 죽을 수 있었는데, 도둑이 문을 열어 아이의 생명을 구해줬다. 이때 도둑의 행위는 도덕적인가, 그렇지 않은가? 이유야 어찌되었든 결과적으로는 도덕적인 행동이 되었지만, 칸트에 따르면 이 도둑은 도덕적인 행동을 한 것이 아니다. 도덕적인 행동은 결과가 아니라 동기, 즉 도덕적 의지에 따라 결정된다.

무엇이 도덕적인 행동인지 결정하는 기준인 도덕적 의지가 사람, 또는 상황에 따라 달라진다면 언제 어디서나 적용될 수 있는 보편적인 원칙이 아니다. 그래서 칸트는 『실천이성비판』에서 "너의 의지의 준칙이 항상 동시에 보편적인 입법의 원리로서 타당하도록 행위하라"고 말했다.

행동의 기준이 되는 의지의 준칙이 어떻게 보편적인 입법의 원리로서 타당하게 될까? 예를 들어 '어떻게 살아야 하는가?'라는 질문에 예전의 철학자들은 '행복하게 살아야 한다'고 대답했다. 그리고 행복은 무엇인지, 어떻게 하면 행복해질 수 있는지 설명했다. 하지만 무엇을 행복이라고 할 것인지는 사람마다 다르다. 어떤 사람은 안락한 삶을, 어떤 사람은 성공한 인생을 행복이라고 할 것이다. 다른 사람을 위해 희생하면서 행복을 느끼는 사람도 있고, 자신의 이익을 위해 다른 사람을 해치면서 양심의 가책을 느끼지 못하는 사람도 있다. 그러니 행복은 보편적인 기준이 될 수 없다.

칸트가 생각하는 도덕 법칙은 보편적인 것이었다. 즉 사람마다 그 기준이 달라서는 안 되었다. 어떤 행동이 도덕적인가 아닌가를 판단하려면 나 이외의 모든 사람이 그렇게 행동하기를 원하는지를 생각해봐야 한다. 이것이 '보편적인 입법 원리'의 뜻이다. 하지만 나의 준칙은 당연히 개인적인 면이 조금이라도 포함되었을 텐데, 동시에 보편적이기는 어려운 일이다. 사람은 대개 자신의 이익을 먼저 생각하기 마련이고, 그렇기 때문에 "나는 괜찮겠지", 또는 "이번 한 번은 괜찮겠지" 하고 생각하는 경우가 많다. 무단횡단을 올바른 일이라고 생각하는 사람은 없을 것이다. 하지만 "나는 지금 아주 바쁘니까", "한 번인데 뭐 어때" 하고 무단횡단을 정당화해본 경험이 한 번쯤 있을 것이다. 칸트에 따르면 이런 행동은 결코 도덕적인 행동이 아니다.

인간 또한 동물이지만 동물과는 다른 인간만의 고유한 특징이 있다. 이것을 칸트는 '선의지(善義志, good will)'라고 표현했다. 선의지는 인간의 가장 바람직한 도덕적 의지이다. 그리고 개인행동의 기준이 되는 의지의 준칙이면서 동시에 보편적인 입법의 원리이다. 이는 마치 인간의 순수이성이자 선험적 형식인 시간과 공간이 인간을 둘러싼 자연의 원리이기도 한 것과 같다. 그러므로 순수이성과 같은 선의지에 따라 행동할 때 인간은 도덕적이 될 수 있다.

칸트는 동양의 맹자와 마찬가지로, 인간은 본래 태어날 때부터 선한 마음을 갖고 있다고 생각했다. 맹자가 성선설을 주장한 이유는 칸트와 마찬가지로 인간과 인간을 둘러싼 자연세계가 하나의 원리로 작동하기 때문이다. 칸트의 선의지는 맹자의 천명(天命)

과 같다. 다만 칸트가 인간을 중심으로 선의지를 설명했다면, 맹자는 세계[天]를 중심으로 천명을 설명했다는 차이점이 있다. 칸트의 설명이 개체 중심적인 서양 사상의 흐름에서, 맹자의 설명이 관계 중심적인 동양 사상의 흐름에서 벗어나진 않지만 결론은 매한가지다. 맹자가 '인(仁)과 의(義)'로 인간을 대해야 한다고 말했다면, 칸트는 "너 자신의 인격에 있어서나 다른 모든 사람의 인격에 있어서, 인간성을 단순히 수단으로 사용하지 말고 목적으로 사용하라(『실천이성비판』)"고 말했다. 칸트에게 인간성은 다른 무엇을 얻기 위한 수단이 아니라, 그 자체가 목적이었다. 맹자에게 '인'과 '의' 자체가 목적이었듯 말이다.

도덕의 출발은 개인인가, 전체인가

순수이성과 같은 선의지를 갖고 태어나기 때문에 인간성을 완성하는 것 자체가 목적인 칸트, 그리고 '인'과 '의' 자체가 목적인 맹자의 생각이 과연 옳은 것일까? 이에 대해 따져볼 필요가 있다. 맹자에게는 노자나 순자가, 칸트에게는 벤담이 따져볼 것이다. 도덕 법칙에서 칸트와 가장 대조적인 이야기를 한 사람이 바로 벤담(Jeremy Bentham, 1748~1832)이었다. 칸트와 벤담은 베스트셀러가 된 하버드 대학 마이클 샌델 교수의 『정의란 무엇인가』에 등장하는 두 주인공이기도 하다. 칸트의 적수인 벤담이 말했다.

> 자연은 인간을 쾌락과 고통이라는 두 군주(君主)의 지배하에
> 두었다. 우리가 해야 할 것과 하지 말아야 할 것을 지적해주
> 는 것은 이들 두 군주, 즉 쾌락과 고통이다.
>
> — 벤담 「도덕 및 입법 원리의 서론」 중에서

　벤담은 우리가 해야 할 것과 하지 말아야 할 것을 알려주는 것
은 쾌락과 고통이라고 말했다. 그는 우리에게 쾌락을 가져다주는
행동을 선한 것으로, 고통을 가져다주는 행동을 악한 것으로 보
았다. 선택의 기준을 행복인 쾌락과 불행인 고통으로 나눈 것이
다. 쾌락과 고통이 바로 인간이 어떤 행위를 선택할지에 대한 가
장 확실한 기준이라는 주장이다.

　벤담은 쾌락과 고통의 양을 잴 수 있다고 했다. 그 기준은 쾌락
의 강도, 계속되는 정도, 확실함, 그리고 금방 오는 것인지 나중
에 생기는 것인지이다. 쾌락과 고통을 둘 다 불러오는 일이 있으
면 쾌락의 양을 더하고 고통의 양을 빼서 남는 것이 무엇인지 보
면 그것이 행복인지 불행인지 알 수 있게 된다. 벤담의 말에 따르
면 가장 큰 쾌락을 가져다주는 일이 가장 큰 행복이 되니, 가장
많은 사람에게 가장 큰 쾌락을 주면 그것이 가장 큰 행복이고, 선
한 일이 된다. 그래서 벤담은 '최대 다수의 최대 행복'을 주장했다.

　벤담에 따르면 최대 다수에게 최대한의 행복을 가져다주는 일
이 가장 도덕적인 일이다. 이것이 인간이 따라야 할 도덕 법칙이
되는 것이다. 당장은 자기가 손해를 볼 수 있지만, 다수의 행복을
위하는 일은 결국 자신에게도 행복을 주게 된다. 몹시 바쁠 때 교

통신호를 지키는 일은 당장 손해를 불러올 수 있다. 신호를 지키다 지각을 하거나 약속에 늦을 수 있다. 하지만 교통질서를 잘 지키는 일은 다수를 위한 일이고, 결국 자신을 위한 일이기도 하다.

이성적인 도덕 법칙을 강조한 칸트와 달리, 벤담은 보다 쉽고 직접적으로 도덕 법칙을 설명했다. 나를 포함해 모든 사람에게 좋은 일을 하면 된다는 것이다. 결국 벤담의 생각에 따르면 중요한 것은 다수의 행복이다. 개인은 다수의 행복을 더 크게 만드는 방향으로 행동해야 한다. 이것이 벤담의 도덕 법칙이다. 그러므로 물건을 훔치려고 돌로 자동차 유리를 깬 후 결과적으로 어린아이를 구했다면 도덕적 행위를 한 것이다.

벤담의 도덕 법칙이 칸트와 다른 점은 무엇일까? 우선 도덕적인지, 아닌지를 따지는 기준이 달랐다. 칸트는 자신의 행동이 보편적인지, 아닌지를 생각해야 한다고 했던 반면, 벤담은 자신의 행동이 쾌락을 주는지, 고통을 주는지를 기준으로 따졌다. 칸트의 생각에 따르면 도덕적인지, 아닌지를 가르는 기준은 인간이 본래 갖고 있는 양심적인 기준에 따라 행동하는가, 아닌가였다. 반면 벤담은 행동의 결과가 쾌락을 주는가, 아닌가였다.

또한 벤담은 최대 다수에게 최대의 행복을 가져다주는 것이 선이라고 했다. 그러므로 개인은 다수의 행복을 가져다주는 방향으로 행복을 추구해야 도덕적인 행동을 하는 것이 된다. 벤담에게 도덕적인가, 아닌가를 따지는 기준은 행위의 결과이며, 개인이 아니고 다수이다. 하지만 칸트에게 그 기준은 행위의 동기이고, 다수가 아닌 개인이다.

이 세계 안에서, 아니 이 세계 밖에서조차 우리가 무조건적으로 선하다고 볼 수 있는 것은 오직 선의지뿐이다.

– 칸트 『도덕 형이상학의 기초』 중에서

칸트에게 있어서 인간이 도덕적인 행동을 하는 이유는 개인이나 다수의 행복, 즉 어떤 좋은 결과를 얻기 위해서가 아니다. 선한 행동을 하고자 하는 '선의지(善意志)' 때문이다. 옳은 행동을 하는 데는 이유가 없다. 오로지 그것이 옳은 행동이기 때문에 하는 것이다. 그럴 때에만 인간은 진정한 행복을 얻을 수 있다고 칸트는 생각했다.

무조건 선을 행한다는 것은 쉽지 않은 일이다. 하지만 반대로 생각해보면, 선한 행동을 하는 것은 인간으로서 당연히 해야 하는 일이다. 인간이 정말 선의지를 갖고 있는지는 의심해볼 수 있지만 이것은 매우 중요한 생각이다. 왜냐하면 벤담처럼 개인이든 다수든 행위의 결과만을 목적으로 행동을 선택한다면, 그 행동이 과연 옳은지, 아닌지 판단할 수 없기 때문이다. 한 개인에게 행복을 주는 행동이 다른 사람에게 불행을 줄 수도 있고, 한 집단에 행복을 주는 행동이 다른 집단에 불행을 줄 수도 있다. 그렇기 때문에 그 행동이 과연 옳은지 아닌지를 판단할 수 없다.

선의지는 최근 인간과 거의 유사한 영장류인 보노보를 연구한 진화인류학의 연구에서 과학적으로 증명되기도 했다. 진화의 여러 모습 중에서 고등한 사고를 할 수 있는 생물일수록 유전적으로 다른 개체를 위하는 배려심이 강하다는 것이 밝혀진 것이다.

이처럼 칸트의 생각은 단지 과거의 사실이 아니라 현재에도 여전히 유효하다.

칸트의 최대 업적은 무엇보다도 인간의 주관과 객관의 관계를 확고하게 정립했다는 점이다. 이를 위해 칸트는 그동안 논란이 되어왔던 인간의 '이성(理性)'을 확실하게 설명했다. 이 과정에서 뉴턴이 완성한 근대 과학에 일부 빚을 지기는 했지만 칸트는 인간의 순수한 통찰로 도달할 수 있는 최고이자 최대의 철학을 완성했다. 최초의 직업 철학자로서 최후의 철학을 완성한 칸트는 태어나 죽을 때까지 한 번도 떠나지 않았던 고향 쾨니히스베르크의 한 교회에 묻혔다. 묘비에는 그의 철학을 가장 잘 나타내는 문구가 쓰여 있다.

> 그것에 대해서 자주, 그리고 계속해서 숙고하면 할수록, 점점 더 새롭고 점점 더 큰 경탄과 외경으로 마음을 채우는 두 가지 것이 있다. 그것은 내 위의 별이 빛나는 하늘과 내 안의 도덕 법칙이다.
>
> – 칸트 『실천이성비판』 중에서

위의 글에서 '그것'이란 인간과 인간을 포함한 세계 전체이다. 이에 대해 칸트는 자주, 계속해서 숙고하고 통찰했다. 그 결과, 경탄과 외경으로 마음을 채우는 두 가지를 발견하게 되었다. 내 밖의 하늘과 내 안의 법칙이다. 이를 다른 말로 하면 세계와 인간, 혹은 객관과 주관이다. 칸트는 인간과 세계에 대한 전체적이고 체계적인 관계를 발견한 것이다.

과거와 현재, 동양과 서양의 많은 철학자들이 찾아 헤매던 내용을 칸트는 '내 위의 별이 빛나는 하늘과 내 안의 도덕 법칙'이라고 표현했다. 이 둘은 어떻게 연관되어 있을까? 칸트에 의하면 내 위의 별이 빛나는 하늘은 한없는 시간과 공간 속에서 주기적으로 움직인다. 그리고 내 안의 도덕 법칙은 선험적인 시간과 공간 속에서 나를 움직인다. 결국 하늘과 나는 시간과 공간 속에서 하나로 연결되어 있다. 뉴턴이 전제한 절대적인 시간과 공간을 칸트는 인간 내면으로 옮겨놓았다. 그러므로 인간은 한낱 우연적인 존재가 아니라, 밤하늘의 별처럼 보편적이고 필연적인 존재가 된다.

인간 하나하나는 밤하늘의 별과 마찬가지로 소중하고 아름답기 때문에 존엄하다. 우주의 신비가 곧 인간의 신비이니, 이에 대해 자주, 계속해서 숙고할수록 점점 더 새롭고 큰 경탄과 외경으로 마음을 채우게 된다. 인간과 세계가 하나의 원리에 의해 연결된다는 것은 철학의 마지막 문장이다. 이는 칸트의 결론이자 동양 사상의 결론이기도 하다. 노자와 공자, 맹자가 이야기하듯 인간을 포함한 세계 전체를 관통하는 하나의 법칙을 칸트는 '내 위의 별이 빛나는 하늘(우주)과 내 안의 도덕 법칙(인간)'이라고 말했다.

서양의 칸트와 동양의 노자, 공자가 시대와 지역을 뛰어넘어 같은 결론에 도달했다. 그것은 모두 인간의 통찰력을 최대한 발휘한 결과이다. 칸트 이후로는 철학보다 과학적 발견이 더 중요해졌지만 인간의 통찰력은 여전히 중요하다. 인간의 통찰력은 과학이 발견한 새로운 사실에 대해 의미를 파악하고 의미를 부여하기 때문이다. 그래서 칸트는 '철학'이 아니라 '철학함'을 강조했다. 죽어 있는 과거의 지혜를 답습하는 것을 '철학'이라고 한다면, '철학함'은 통찰력을 활용해 시대의 변화에 따라 등장하는 사실의 의미를 새롭게 파악하는 실천 행위이다. 이를 가장 성공적으로 수행한 사람이 바로 이 책 뒷부분에 등장하는 프로이트와 마르크스, 니체이다. 프로이트는 인간을 지배하는 무의식에 대해, 마르크스는 변화하는 세계에 대해, 니체는 인간과 세계의 역동적인 관계에 대해 통찰했다.

칸트에 의해 '철학'은 종결되었지만, 인간 고유의 특징인 통찰이 살아 있는 한 '철학함'은 영원할 것이다. 프로이트의 제자이자 경쟁자였던 칼 융은 이렇게 말했다.

"우리의 삶은 불멸의 무한한 세계가 유한한 세계 속으로 뛰어든 사건이다. 더 나아가 우리의 삶은 끊임없는 성숙을 지향하는 세계이다."

7

프로이트,
무의식을 발견하다
Sigmund
Freud

내 안의 또 다른 나

프로이트의 정신분석 이론은 환자를 치료하기 위해 고안되었지만, 의학 분야에만 영향을 미친 것은 아니다. 그의 정신분석 이론은 환자가 아닌 일반인의 정신세계를 이해하는 데에도 큰 도움이 되었다. 프로이트는 한때 정신분석을 천체망원경이나 현미경에 비유했다. 육안으로 볼 수 없는 천체나 미생물을 망원경이나 현미경을 통해 볼 수 있듯, 우리의 의식수준에서는 볼 수 없는 의식 너머의 세계를 정신분석을 통해 볼 수 있다고 했다.

의식 너머의 세계를 연구한 프로이트는 이전에는 누구도 알지 못했던 '무의식'을 발견했다. 무의식은 꿈이나 최면, 정신분석 이론이 없으면 의식되지 않는 세계이다. '무의식은 의식이라는 작은 세계를 품는 더 큰 세계'라고 프로이트는 말했다. 눈에 보이지 않는 무의식이 우리의 의식을 지배하고 있다는 것이다. 그러므로 나의 기대와 좌절, 기쁨과 슬픔, 희망과 공포 등은 사실 나의 것이 아니라, 내 안의 또 다른 내가 느낀 것이다.

내 안의 또 다른 나를 찾는 탐구는 우리가 잠들 때 꾸는 꿈을 해석하는 일에서 시작된다. 프로이트는 자신의 꿈과 기억, 인격 발달의 변천을 탐색하는 데 몰두했다. 이렇게 자신을 분석하면서 세상을 떠난 아버지에게 적대감이 있었음을 깨달았다. 그는 또 어린 시절에 매력적이고, 따뜻하며, 포근했던 어머니에게 느낀 원초적 감정을 떠올렸다. 이러한 자기 분석의 내용과 그동안 수집한 환자 치료 자료들을 모아 1899년 11월 『꿈의 해석』을 출판했다. 책의 첫머리는 이렇게 시작된다.

> 나는 이 책에서 다음과 같은 사실을 증명하고자 한다. 즉 꿈을 해석할 수 있는 심리학적 기법이 있으며, 그 방법을 적용하면 모든 꿈은 깨어 있는 동안의 정신 상태의 결과물임을 알 수 있다는 사실이다.
>
> – 프로이트 『꿈의 해석』 중에서

우리는 간혹 시험에서 떨어지는 꿈을 꾼다. "헉!" 소리가 절로 나온다. 하지만 곰곰이 생각해보면 대개가 이미 과거에 합격했던 시험에서 떨어지는 꿈을 꾼 것이다. 프로이트는 말했다.

"어떤 책임질 일과 그에 대해 비난받을 가능성이 있을 경우, 불안한 시험 꿈을 꾸게 된다. 그러므로 시험에서 떨어지는 꿈은 현실의 심한 불안이 부당한 것임을 드러내기 위해 불안이 해소되었던 과거의 어떤 사건을 찾은 것이다."

꿈은 이렇게 의식적으로 파악하지 못했던 현실을 알려준다. 꿈을 통해 드러나는 무의식은 의식 속의 자신보다 훨씬 기억력이 좋다.

> 30년 전에 당한 모욕이라 해도 일단 무의식적 흥분의 통로를 만들어내면, 30년 동안 줄곧 금방 모욕을 당한 것처럼 작용한다. 그것은 기억이 일깨워질 때마다 되살아나서, 발작을 통한 운동성으로 배출되어 흥분에너지로 변환된다. 바로 여기서 정신분석이 손을 써야 한다. 그 임무는 무의식적 과정을 해결하고 망각하도록 만들어주는 것이다.
>
> **– 프로이트 「꿈의 해석」 중에서**

무의식적 흥분의 통로란 과거와 유사한 상황이 재현될 때나 의식이 힘을 잃었을 경우를 말한다. 예를 들어 술에 취하기만 하면 발작적으로 아무 이유 없이 울거나, 소리치거나, 폭력적으로 변하는 사람이 있다. 현실이 바뀌었는데도 과거에 겪었던 사건을 잊지 못하기 때문이다. 그래서 순진한 왕따 피해 학생이 어느 날 끔찍한 폭력을 행사하는 가해 학생이 되기도 한다. 물론 당사자는 본인이 과거에 무슨 일을 겪었는지 잊었을 수 있다.

누구에게나 떠올리고 싶지 않은 기억이 있다. 너무 어렸을 때 겪은 일이라 기억 못하는 상처가 있을 수 있다. 하지만 무의식은 그것을 절대 잊지 않고 있다가 순간순간 터져 나와 현재의 행동을 좌우한다. 해결 방법은 스스로에게 솔직해지거나, 정신분석을 통해 과거에 무슨 사건을 겪었는지 떠올리고 납득할 만한 이유를 찾아내는 것이다. 그 사건은 이런저런 상황 속에서 벌어진 일이었기에 내 잘못이 아니었다고. 그렇게 정리가 되어야 상처는 치유되고 다시 곪아 터지지 않는다.

> 꿈은 매우 중요한 심리적 결과물이다. 그 원동력은 언제나 충족되어야 할 어떤 소망이다. 꿈의 소망이 뚜렷하지 않거나 기괴한 일이나 황당무계한 점이 많은 것은, 꿈이 형성될 때 거치는 심리적 검열의 영향에 기인한다.
>
> — 프로이트 「꿈의 해석」 중에서

어디서 보았는지 생각나지 않지만 머릿속에서 완전히 사라지지 않는 기억이 있을 수 있다. 그것은 무의식에 담겨 있다가 어떤 자극이 생기면 의식으로 떠오르기도 한다. 무의식 속에는 의식하고 싶지 않은 기억이 가득하다. 기억하고 싶지 않은 것, 다시 말하면 의식하고 싶지 않은 것은 무의식의 영역에 숨어 있다. 그러나 그것이 전혀 의식의 영역으로 떠오르지 않는 것은 아니다. 무의식 속에 숨어 있다가 의식의 영역으로 살포시 떠오르는 기억도 있다. 하지만 의식의 영역에서는 그 기억을 받아들일 수 없을 때가 많다. 기억하고 싶지 않고, 의식하고 싶지 않은 기억이 의식으로 떠오르려고 하면 우리는 그것을 밀어내기 때문이다. 그러면 그 기억은 다른 것으로 변형되어 나타난다. 의식하고 싶지 않은 일이긴 하지만 다른 것으로 변형되었기 때문에 의식은 그것을 받아들일 수 있게 된다. 프로이트의 상징은 그런 변형 중의 하나이다.

프로이트의 꿈 해석에서 지팡이·나무줄기·우산처럼 기다랗게 생긴 것, 칼·단도·창 같이 길고 뾰족한 무기는 남성의 성기를 상징한다. 작은 궤·상자·난로·동굴·배·그릇은 여성의 몸을 상징한다. 층계·사다리·발판이나 그런 곳을 올라갔다 내려갔다 하는 행위는 성 행위의 상징적 표현이다. 몸에 걸치는 것 가운데 여성의 모자는 남성의 성기를 상징한다. 꿈에서 어린아이와 놀거나 업어주는 것은 흔히 자위 행위를 상징한다.

이런 내용이 모두 정확하다고 할 수는 없다. 다만 꿈은 과거 사건에 대한 매우 중요한 심리적 결과물이며, 그 원동력은 언제나 현실에서 충족되어야 할 어떤 소망이다. 내가 모르는 내 안에는 현실에서 충족되어야 할 소망 이상의 것이 꿈틀대고 있다. 그것은 절대 인정하고 싶지 않지만 어쩔 수 없이 인정해야 하는 본래 모습이다.

쾌락을 추구하는 욕구는 그 대상을 제멋대로 고른다. 아니, 금지되어 있는 것을 가장 기꺼이 고른다. 그러니 인간의 본성으로부터 멀리 떨어져 있다고 믿어지는 성욕이 꿈을 야기시킬 만큼 충분한 힘을 지니고 있다는 것을 알 수 있다.

증오 역시 제멋대로 미친 듯이 날뛴다. 인생에서 가장 사랑하는 가족들, 즉 부모와 형제자매, 배우자, 자녀에 대한 복수

와 죽음의 원망마저 결코 드문 일은 아니다. 이들 원망은 검열을 받고 있지만 바로 지옥에서 솟아나오는 것같이 보인다. 깨어 있을 때의 해석에 따르면 이들 원망에 대해서는 제아무리 엄한 검열이라 해도 지나치게 엄하다고 여겨지지 않는다.

– 프로이트 『정신분석학 입문』 중에서

리비도란 '굶주림'과 유사한 것으로, 본능을 드러내는 힘이라고 할 수 있다. 그런데 굶주림은 먹으면 해결되지만, 리비도는 성적 욕망을 충족시켰다고 해소되는 것이 아니다. 프로이트는 『정신분석학 입문』에서 "어머니의 젖을 빠는 것은 성적 욕망의 출발점이며 후년의 모든 성적 만족의 유례없는 본보기가 되고, 부족함을 느낄 때는 공상 속에서 자주 이 본보기로 돌아간다"고 말했다. 프로이트는 남녀노소를 떠나 살아 있는 인간이면 모두 성적인 욕망을 갖고 있다고 생각했다. 어린아이는 물론 심지어 갓 태어난 아기도 예외가 아니었다. 이런 성적인 욕망은 일종의 에너지처럼 전환되는데 이것을 '리비도'라고 한다.

성적인 욕망은 반드시 2세를 낳아 기르고 싶은 욕망이나, 야동에서 보는 장면을 말하는 것이 아니다. 성적인 과정에서 느껴지는 쾌감 역시 중요한 것이다. 성적인 욕망은 원래 육체적인 욕망이라고 할 수 있으나 그것을 통해 느껴지는 즐거움, 즉 쾌감 역시 성적인 욕망이다. 다시 말하면 이러한 즐거움은 정신적이라고 할 수 있다. 정확히 말해 리비도는 성적인 쾌감을 추구하는 에너지이다.

리비도가 흘러가며 인간은 성장한다

성적인 욕망이 생식적인 것, 즉 2세를 낳아 기르고 싶은 욕망만
이 아니듯, 성적인 쾌감은 몸의 특정 부분에만 관련 있는 것이 아
니다. 리비도는 몸의 이곳저곳으로 흘러간다. 프로이트는 인간의
발달단계가 리비도가 흘러가는 것과 관계있다고 주장했다. 중요
한 것은 이러한 발달단계에서 생긴 상처(트라우마)가 과거에 머무
르지 않고 현재의 나를 좌지우지하는 내 안의 나로 여전히 남아
있다는 사실이다. 프로이트가 주장한 인간의 발달단계는 다음과
같다.

태어나서 2세까지를 '구강기'라고 한다. 이때 성적인 에너지인
리비도는 입에 머무른다. 그래서 입으로 하는 일에서 쾌감을 느
낀다. 아기들은 배가 고파서 엄마 젖을 먹기도 하지만 엄마 젖을
빨면서 불안감을 해소하고, 즐거움을 느끼기도 한다. 시험 시간
에 답답하고 불안한 마음에 연필 꽁지를 씹는 학생은 구강기의
행위가 아직 남아 있기 때문이다. 이것을 어려운 말로 '고착'이라
고 한다. 이 시기에는 입이 두 가지 형태의 행동을 한다. 먹고 마
시는 흡입 행동과 깨물고 뱉어내는 행동이다. 흡입 행동에 고착되
면 흡연과 음주, 키스 등에 관심이 많으며 성장하여 낙천적이고
의존적인 성격이 된다. 이가 나올 때는 깨물고 뱉어내는 등 공격
적인 행동이 나타나는데 여기에 고착되면 성격적으로 적대감과
질투심을 잘 느끼고, 냉소적, 비관적, 공격적인 특징을 지니며, 남
을 통제하려고 한다.

구강기 이후 2~4세의 리비도는 항문으로 흘러간다. 그러니까 '항문기'이다. 태어나 첫 해에는 아이의 욕구가 부모를 통해 최대한 충족된다. 하지만 배변훈련을 할 때부터는 욕구 충족이 거부되기도 한다. 이때 아이는 기다려야 할 때도 있다는 것을 배운다. 이 시기에는 리비도가 항문에 집중되어 있으므로 배변활동을 통해 쾌락과 욕구충족을 느낀다. 훈련이 잘 되어 욕구가 충족되면 배설물을 자신의 창조물로 보고 중요하게 여기게 된다. 이런 아이는 창의적이고 생산적인 성격이 된다. 하지만 배변훈련이 지나치게 엄하거나 잘 학습되지 못하면 부모의 요구에 대항하는 적대적, 가학적, 파괴적 성향이 나타날 수 있다. 항문을 이완시켜 배변하는 것보다 조이는 데에서 쾌감을 느끼는 경우도 있는데, 이런 경우에는 지나치게 깔끔하여 결벽증적인 성격이 나타난다.

대소변을 가리는 훈련을 통해 아이들은 처음으로 규율이라는 것을 익히게 된다. 사람들이 많은 곳, 화장실이 아닌 곳에서는 대소변을 보면 안 된다는 사회적인 관습과 약속을 깨닫게 되는 것이다. 그렇기 때문에 대소변을 가리는 훈련은 사회와 만나는 첫 단계라고 할 수 있다. 그래서 대소변 훈련이 사회에서 다른 사람과 부딪치면서 살아갈 때 어떻게 행동해야 하는지에 대한 기본적인 것을 결정해준다고 프로이트는 생각했다.

항문기 다음의 4~6세는 '남근기'에 해당한다. 리비도가 남근으로 흘러가서 남근을 통해 즐거움을 얻는 것을 배우게 된다. 성기에 관심이 많아지고, 만지작거리는 것을 즐기기도 한다. 그럼 여자아이들은? 프로이트는 여자아이들이 남자아이들의 성기에 관심을 갖고, 자기는 왜 그런 것이 없을까 고민하게 된다고 설명했다. 그래서 없는 것을 갖고 싶어 하는 '남근선망'을 하게 된다. 남자아이들은 반대로 여자아이들의 성기를 보고 '왜 성기가 없을까, 잘려서 없어졌을까?' 하고 생각하게 된다. 그러면서 자기도 성기가 잘려나갈 수 있다고 두려워하는 '거세 공포'에 빠진다.

이 시기의 아이들은 성 차이를 인식하고 출생에 대한 관심을 보인다. 남아는 오이디푸스 콤플렉스에 빠져 어머니를 성적 애착의 대상으로 생각하고 아버지를 미워한다. 여아는 남아와 비교하여 남근선망 등 열등감과 좌절감을 겪는 동시에 아버지를 성적 애착의 대상으로 생각하고, 어머니를 적대시하는 엘렉트라 콤플렉스에 빠진다. 엘렉트라는 그리스 신화에서 아버지를 죽인 어머니에게 복수하는 여성이다. 이 시기에 나타나는 콤플렉스 현상은 동성 부모의 성 역할을 학습함으로써 해소된다. 해소 정도에 따라 성 역할의 정체감과 성인기의 이성에 대한 태도가 결정된다.

이후 초등학교 시기인 '잠복기(6~12세)' 아이의 발달은 성적 욕구의 충족이 신체 특정부위의 자극이 아니라 친구관계, 취미활동, 스포츠 등 사회적 활동을 통해 이루어진다. 이 시기에는 쾌락을 버리고 현실 원칙을 따르며, 아버지의 권위와 금지 또는 양심에 따라 사회적·도덕적 자아를 형성하게 된다.

12세 이후는 일반적으로 '사춘기'라고 불리는데 정서적 해방과 독립을 추구하는 심리적 과도기이다. 성적 충동을 정상적인 성욕으로 통합하는 시기이며 자위 행위를 시작하게 된다. 질풍노도의 시기이기도 한 사춘기에 대해 프로이트의 딸이자 정신분석학자인 안나 프로이트는 "본래 평화로운 성장을 방해하는 시기"라고 말했다. 그래서 "사춘기에 정상이라는 말은 곧 비정상"이라고도 한다. 과도기는 새롭게 태어나는 시기라는 뜻이기도 하다. 그래서 민감해지고, 무모해지며, 자의식이 강해지는 한편 우울증에 걸리기도 쉽다. 이런 상태의 청소년들이 지금 하루 종일 학교라는 좁은 공간에 갇혀 있는 것이다.

프로이트는 사람들이 모여 사는 사회가 인간의 원초적인 본능인 리비도를 억제하고 있다고 생각했다. 예를 들면 우리는 아무데서나 대소변을 보지 못한다. 공개적으로 성적인 표현을 하는 것을 민망하게 생각한다. 폭력적인 행동 역시 자제해야 한다. 만약 무인도에 한 쌍의 부부만 살고 있다면 언제, 어디서나 자기가 원할 때 대소변을 볼 수 있고, 성적인 표현을 할 수 있을 것이다. 그래서 프로이트는 인간의 본능을 막는 것은 사회라고 생각했다. 우리는 사회 속에서 살고 있기 때문에 무엇을 하면 안 되는지, 어떤 행동이 다른 사람에게 피해를 주거나 불쾌감을 주는지 늘 생각한다. 그렇기 때문에 하고 싶은 것을 모두 마음대로 할 수 없다. 여러 사람이 모여 살면서 서로 피해를 주면 안 되기 때문이다.

프로이트는 이렇게 사회적인 것과 본능적인 것이 서로 싸운다고 생각했다. 그는 인간의 정신을 사회적인 것을 따라야 한다고 생각하는 영역, 본능을 따르고 싶어 하는 영역, 사회적인 것과 본능적인 것이 만나 싸우고 합의한 후 행동으로 옮기도록 하는 영역으로 나누어 생각했다. 사회적인 것을 따라야 한다고 생각하는 영역에는 '초자아(superego)'라고 이름을 붙였다. 이 영역은 앞에서도 말했듯 도덕적인 것, 예의 바른 것, 법적인 것을 생각하는 영역이다. 본능적인 것을 하고 싶어 하는 영역은 '이드(id)'라고 불렀다. 리비도에 따라 본능적으로 하고 싶어 하는 생각이 담겨 있는 영역이다. 마지막으로 '자아(ego)'라고 이름 붙인 영역이 있다. 이 영역은 초자아와 이드의 싸움을 조정하고 행동으로 옮기게 하는 영역이다. 인간의 마음은 하나가 아니었던 것이다.

만화에서 주인공이 갈등할 때, 흰옷을 입은 천사와 검은 옷을 입은 악마가 양쪽에 나타나 속삭이는 장면이 종종 나온다. 흰옷을 입은 천사는 주로 사회적 도덕을 따르라고 주장하지만, 검은 옷을 입은 악마는 개인적 이익에 충실하라고 주장한다. 초자아와 이드의 갈등을 만화화하여 구성한 것이다. 하지만 실제로 이러한 사례가 발견되기도 했다. 1952년 미국에서 발견된 이브 화이트(Eve White)의 경우이다.

이브 화이트는 이브 블랙과 제인이라는 성격을 지닌 '다중인격장애'를 갖고 있었다. 평소의 이브 화이트가 심한 두통을 겪거나 술을 마신 후 의식을 잃으면 이브 블랙이 출현했다. 그리고 이를 최면 치료하는 과정에서 제인을 발견하게 됐다. 이브 화이트는 말이 없고 소심하며 고지식했다. 그리고 다른 두 인격을 전혀 몰랐다. 이브 블랙은 정반대로 제멋대로이고, 거칠며, 무책임하고, 천박했다. 이브 화이트는 알지만 제인은 몰랐다. 이에 비해 최면 치료 과정에서만 나타난 제인은 두 이브를 모두 알고 있었다. 제인은 성숙하고 당차며, 유능하고, 흥미로웠으며 인정이 많았다. 전혀 다른 세 성격이 한 사람에게 있었던 것이다. 물론 이브 화이트의 사례가 일반적인 경우는 아니다. 하지만 내 안의 또 다른 내가 지금의 나와는 전혀 다를 수 있음을 상기시켜준다.

프로이트는 내 안의 또 다른 나를 발견하고 인간의 정신 구조를 이드(본능), 에고(자아), 슈퍼에고(초자아) 세 가지로 분류했다. 그 밖에도 오이디푸스 콤플렉스, 리비도, 타나토스(죽음의 본능) 등의 용어가 그에 의해 세상에 나왔다. 현재 프로이트의 발견은 의학과 심리학, 철학, 문학 등 모든 분야에서 없어서는 안 되는 기초개념이 되었다.

답은 내 안에 있고, 미래는 과거 속에 있다

21세기를 맞이하며 시사주간지 「타임」에서는 20세기에 영향을 끼친 인물 50명 가운데 맨 앞자리에 프로이트를 올려놓았다. 무의식의 발견과 꿈의 해석은 서구 문명사와 사상사는 물론 현대인의 생활에 엄청난 영향을 끼쳤기 때문이다. 그의 정신분석 이론은 인문학과 사회과학의 여러 이론에 커다란 영향을 끼쳤다. 프로이트의 '무의식'의 발견은 의식을 강조하는 인간중심주의를 일거에 무너뜨리는 사상사적 전환점이 되었다.

프로이트의 무의식의 발견은 코페르니쿠스의 지동설과 찰스 다윈의 진화론에 비교된다. 지동설이 인류를 우주의 중심에서 끌어내렸다면, 진화론은 인류를 신의 창조물에서 원숭이의 친척으로 추락시켰다. 그리고 프로이트가 발견한 무의식은 인간이 스스로를 통제할 수 없는 무의식의 노예임을 만천하에 선포했다.

　나와 다르기 때문에 인정하고 싶지 않겠지만 인정해야 하는 내 안의 또 다른 나는 무의식 속에 숨겨져 있는 과거의 나이다. 지금 은 전혀 기억할 수 없지만 태어나서부터 겪은 수많은 사건들이 무 의식 속에 저장되어 있다. 무의식 속에 있는 내 안의 또 다른 나 는, 아물지 않은 상처를 지니고 있다가 이따금 곪아 터져 나오고, 반대로 든든한 의지처가 되어 현실의 어려움을 극복하게 한다.

　만약 현재 좌절과 고통에 휩싸여 있고, 그 원인을 알고 싶다면 꿈을 꾸어보자. 꿈속에서 만난 내 안의 내가 답을 줄 것이다. 우 리는 현재의 속마음과 과거의 숨겨진 진실에 대해 스스로 솔직해 질 필요가 있다. 답은 이미 내 안에 있고, 미래는 과거 속에 있기 때문이다.

> 개인의 발전이란 우연한 생활환경의 영향으로 축약된 인류 발전이 되풀이되는 것이라고 할 수 있다. 꿈에서 "사람이 직 접적으로 도달하기 어려운 원시적 인간성이 작용하고 있다" 는 니체의 말이 얼마나 적절한 표현인지 알 수 있을 것이다. 정신분석은 인류 초기의 가장 멀고 아득한 옛날의 상황을 어둠 속에서 재구성하려고 노력하기에 학문 중에 높은 위치 를 요구해도 될 것이다.
>
> **– 프로이트 「꿈의 해석」 중에서**

　꿈을 통해 프로이트는 한 개인의 현실과 과거를 보았다. 그리고 그의 제자인 칼 융은 이를 확대시켜 인류 전체의 과거를 보려 했다. 프로이트의 제자이자 스위스의 정신과 의사였던 칼 융은 전 세계 방방곡곡을 여행하면서 각 민족의 종교와 신화를 수집했다. 여기서 그는 온 인류가 공통된 '집단무의식'을 가지고 있다는 사실을 발견했다. 이와 같이 전 인류가 동일한 집단무의식을 갖고 있는 이유는 마음이 뇌와 별도로 존재할 뿐만 아니라 몸 밖으로 전개하여 정보를 서로 공유하기 때문이다. 칼 융은 사람의 집단무의식 속에는 인류가 단세포에서부터 지금까지 진화해온 모든 기억이 고스란히 저장되어 있다고 했다.

칼 융은 인류의 집단무의식 속에 동일한 기억이 저장되어 있으며, 전 인류는 집단무의식 수준에서 하나로 연결되어 있다고 했다. 이를 증명하기 위해 칼 융은 동시성의 원리란 것을 발표했는데 그 내용은 이렇다. A라는 사람이 갑자기 수십 년 전에 헤어진 친구 B가 생각나서 전화를 걸려는 바로 그 순간, B로부터 전화가 걸려온다. 이것이 바로 동시성이다. 그 이유는 사람의 집단무의식이 하나로 연결되어 있어 A로부터 온 정보가 순간적으로 B에게 전달되기 때문이다. 칼 융은 양자물리학 이론으로 노벨상을 수상한 파울리와 함께 쓴 저서 『정신의 본질과 해석』을 통해 마음은 에너지와 같은 성질을 지니고 있어서 다른 사람에게 전달될 수 있다고 했다.

칼 융에게 꿈은 개인무의식이나 집단무의식 속에 저장되어 있는 기억의 일부가 수면 중에 꿈으로 나타나는 현상이었다. 만약 꿈 내용이 최근의 자기와 관계되는 것이라면 그것은 개인무의식에 저장되었던 기억이 부상하는 것이다. 그렇지 않고 예를 들어 남성이 꿈에서 여자의 모습으로 주인공이 된다면, 그것은 과거의 어느 생(生)에 여자였던 기억이 나타난 것이다. 그럴듯하지만 상식적이지는 않다. 분명한 것은 나는 꿈을 꾸고 있고, 꿈을 통해 나 자신에 대해, 내게 주어진 환경에 대해 다른 시선을 가질 수 있다는 사실이다.

과연 꿈의 가치는 미래를 예지하는 데 있을까? 물론 그렇다고 할 수 없다. 그 대신 꿈은 과거를 가르쳐준다고 하는 편이 더 옳은 말일 것이다. 왜냐하면 꿈은 어떤 의미에서든 과거에서 유래하기 때문이다. 예로부터 꿈은 미래를 예시해준다고 믿어왔는데, 그 말에도 일면의 진실은 있다. 꿈은 어떤 소망을 충족된 것으로 보여주면서 우리를 미래로 이끌기 때문이다.

– 프로이트 「꿈의 해석」 중에서

8

마르크스,
사회적 존재가 의식을 결정한다

Karl Marx

이 세계는 어떻게 작동하는가

칸트는 『순수이성비판』에서 '인식이 대상을 따르는 것이 아니라, 대상이 인식을 따른다'고 말했다. 인식은 인간(주체, 이성, 시선)이고 대상은 세계(객체, 실천, 현실)이다. 칸트는 인간의 시선이 현실을 구성한다고 말했다. 하지만 시선은 시선일 뿐이다. 인간의 시선으로 구성된 현실은 전부도 아니고 진짜 현실도 아니다. 그러니 현실을 알기 위해서는 시선만으론 부족하다. 철학은 종결되었지만 칸트의 고민은 끝나지 않았다. 철학만으로는 한계에 도달한 것이다.

놀랍게도 칸트의 고민을 끝낸 사람이 있다. 그러니 결코 쉽게 이해될 인물은 아니다. 그는 철학자였지만 기존의 철학자들과는 달라도 너무 달랐다. 그는 철학뿐만 아니라 경제학, 정치학, 역사학을 바탕으로 신문기자처럼 당시의 온갖 사회 현실에 대해 깊은 관심을 가지고 연구했다. 그는 실제 신문기자로 활동했으며 신문도 발행했다. 그 결과 우리가 사는 현실, 이 사회는 도대체 무엇인가에 대해 '자본주의'라는 답을 내렸다. 그는 바로 최초의 사회과학자인 칼 마르크스이다.

물리학이 물리를 다루고, 생물학이 생물을 다루듯 사회과학이란 말 그대로 사회를 과학처럼 연구하는 학문이다. 과학을 연구하는 방법이 그렇듯 사회과학에서는 사회 현상에 대한 가설을 세우고, 각종 자료를 수집해 분석한 후 이론을 세우고, 이 이론을 다시 사회에 적용하여 검증하는 과정을 거친다. 이처럼 칸트가 최종적으로 설명한 인간의 이성을 활용하여 인간을 둘러싼 사회를 과학자의 눈으로 바라본 최초의 인물이 마르크스였다. 그가 사회에 관한 이론을 세운 이유는 있는 그대로의 사회를 객관적으로 보고, 그 이론이 예측하는 시대와 현실의 변화에 능동적으로 참여하기 위해서였다.

독일계 미국인 심리학자 쿠르트 레빈(Kurt Zadek Lewin, 1890~1947)은 "체계는 변화시키고자 노력해야만 이해할 수 있다"고 말했다. 시대와 현실을 이해하기 위해서는 바라보기만 할 것이 아니라 그 속으로 직접 뛰어들어야 한다는 뜻이다. 그래서 "자신의 운명이 전체 집단의 운명에 의해 얼마나 크게 좌우되는지 깨달은 사람이라면, 집단의 번영을 위해 기꺼이 자기 몫의 책임을 떠맡으려 할 것"이라고 그는 말했다. 이는 마치 마르크스를 생각하면서 한 말 같다.

지금은 전혀 상상할 수 없는 일이지만 마르크스가 살던 당시 자본주의 사회에서는 여섯 살짜리 아이가 하루에 16시간 동안 열악한 환경에서 중노동을 해야 했다. 마르크스는 외면할 수 없는 현실 속에서 자신의 운명을 깨닫고 기꺼이 자기 몫의 책임을 도맡으려 했다. 우리나라의 경우에도 과거 6·25전쟁을 겪은 세대나 70년대 산업화 세대, 80년대 민주화 세대는 개인의 운명이 전체 집단의 운명에 의해 크게 좌우되었고, 당시 사람들은 기꺼이 자기 몫의 책임을 떠맡았다.

하지만 그 이후, 세대 차이가 개인 차이로 변한 이 시대를 사는 우리는 정말로 집단의 운명에 좌우되지 않는 삶을 살고 있을까? 그렇지 않다. 세계 경제가 나빠지면 우리나라 경제가 바로 영향을 받고, 개인의 삶의 질 또한 떨어진다. 오늘날 우리는 '자본주의'의 위기라는 전체 집단의 운명에 의해 개인의 운명이 좌우되는 어려운 시대를 살고 있다. 그러니 자본주의가 무엇인지 처음으로 설명한 마르크스의 말에 귀를 기울일 필요가 있다.

1990년대에 공산주의 국가들이 몰락해버렸기에 지금은 누구도 마르크스를 중요하게 생각하지 않는다. 하지만 마르크스는 공산주의자 이전에 우리가 현재 살고 있는 자본주의 사회를 처음 과학적으로 연구하고, 그 문제를 해결하고자 한 사람이었다. 그러므로 자본주의의 비참한 현실을 외면하지 않았던 실천가, 시대와 현실을 보다 객관적으로 보려 했던 학자 마르크스를 기억할 필요가 있다. 결과적으로 그의 실천은 너무 혁명적이었고, 그의 이론은 시대에 악용되었다는 점을 감안해도 말이다.

　마르크스는 1818년 독일 라인 주 트리어라는 곳에서 태어났다. 변호사인 마르크스의 아버지는 계몽주의의 영향을 받아 자식도 계몽주의 교육을 받도록 했다. 그 결과 마르크스는 고등학교를 졸업하면서 쓴 「어느 젊은이의 직업 선택에 관한 고찰」이라는 논문에서 이렇게 말했다.

　"온 힘을 다해 인류에 기여할 수 있는 일을 택한다면, 우리는 초라하고 제한된 이기적인 기쁨을 누리지는 않을 것이다. 우리의 행복은 수백만 명의 행복이 될 것이기 때문이다."

　공자의 '살신성인(殺身成仁)'이 떠오르는 말이다. 일신만을 위하지 않고 전체를 위해 기꺼이 자기 자신을 희생시킬 수 있는 것, 그것이 바로 인(仁)이다. 공자는 『논어』 「위령공편」에서 "뜻있는 선비와 어진 사람은 살기 위해 인을 손상함이 없고, 몸을 죽여서라도 인을 성취한다"고 말했다. 마르크스는 젊은 나이에 이미 사회 전체, 나아가 인류 전체에 공헌하는 삶을 살겠다고 각오했다.

　서양의 근대철학은 데카르트의 '나는 생각한다. 그러므로 나는 존재한다'는 말로 시작된다. 그리고 생각하는 나란 바로 이성이며, 인간의 이성은 이 세계를 이해하고 작동시키는 주체라고 칸트는 말했다. 인간에 대한 철학적 설명은 이것으로 끝이다. 하지만 과연 이것이 전부일까? 만족스럽지 않다. 그래서 20세기에 가장 큰 영향을 준 사상가 세 명을 꼽으라면 보통 마르크스, 프로이트, 니체를 거론한다. 칸트에 의해 철학이 종결된 후, 이 세 사람은 인간과 세계에 대해 기존과는 전혀 다른 시각을 제시했기 때문이다.

우리는 언어를 도구로 여기고, 한국어를 쓸지 영어를 쓸지는 선택의 문제라고 생각한다. 그리고 시대와 현실 또한 인간이 만들기 나름이라고 생각한다. 틀린 말은 아니다. 하지만 개인의 차원에서 본다면 인간은 시대와 현실을 만들기 이전에 자신이 속한 시대와 현실의 영향을 받지 않을 수 없다. 그리고 언어를 선택하기 이전에 하나의 언어를 이미 받아들인다. 그렇기에 개인의 삶은 수천 년 동안 누적된 인류 문명의 영향을 거부하거나 회피할 수 없다. 그렇다면 개개인에게 영향을 주는 이 세계는 도대체 무엇이고, 어떻게 작동하는가? 그 해답이 바로 마르크스가 우리에게 준 새로운 시각이다. 고등학교 시절에 인류에 기여하고 싶었던 마르크스는 불혹(不惑)의 나이가 되어 다음과 같이 말했다.

> 생산관계의 총체가 사회의 경제 구조, 즉 현실의 토대를 형성한다. 이 토대 위에서 법적, 정치적 상부구조가 생겨나고, 또 일정한 형태의 사회적 의식이 그 토대에 대응한다. 물질적 삶의 생산양식이 사회적, 정치적, 지적 생활 과정 전반을 지배한다. 인간의 의식이 존재를 지배하는 것이 아니라, 반대로 그들의 사회적 존재가 의식을 결정하는 것이다.
>
> — 마르크스 「정치경제학 비판」 중에서

방대한 마르크스의 저작을 한 단락으로 요약하기는 어렵지만 위의 인용문은 그의 생각을 대표한다고 할 수 있다. 쉽지 않겠지만 단어 하나하나에 주의를 기울일 필요가 있다. 시대가 변했다

해도 여전히 의미가 있으니 말이다.

마르크스에 의하면 상부구조란 법과 정치, 도덕, 문화 같은 정신적이고 제도적인 것이다. 이것과 반대되는 것이 하부구조인데, 다른 말로 하면 상부구조를 받치고 있다는 의미에서 '토대' 혹은 '물적 토대'라고 한다. '물적'이란 말은 '물질적'이라는 뜻으로 정신적인 것에 반대되는 것이며, 주관적인 것이 아닌 객관적인 것, 개인적인 것이 아닌 사회적인 것이다. 여기에는 경제활동이 포함된다. 나는 혼자 열심히 일하니까 내 경제활동은 개인적인 것이라고? 혼자서 가능한 경제활동은 없다. 가게를 운영하면 손님이 있어야 하고, 회사원이면 월급을 주는 사장이 있을 것이다. 때문에 경제활동은 주관적인 것이 아니라 객관적인 것이다.

마르크스는 물적 토대가 사회의 성격을 결정한다고 말했다. 개개인의 차원에서 본다면 인간의 생각이 현실을 결정하는 것이 아니라, 인간이 처한 현실이 생각을 결정한다는 뜻이다. 외국과 농산물을 수입하고 공산품을 수출하는 무역협정을 맺는다면, 농업에 종사하는 사람은 반대하고, 수출을 주로 하는 기업은 찬성할 것이다. 그 원인은 경제적인 문제에 있다. 사람은 대부분 자신의 경제적인 입장을 근거로 판단을 내린다. 그래서 마르크스는 인간의 '사회적 존재(경제적인 입장)'가 의식을 결정한다고 말했다.

인간의 생각은 주관적이고 다양하다. 그러나 인간의 경제 현실은 객관적으로 분석할 수 있다. 그래서 마르크스는 인간의 경제 현실에 근거한 자신의 이론을 과학적 방법론이라고 말했다. 그리고 경제가 아닌 사회 문제와 역사를 분석할 때에도 생산력, 생산관계, 생산양식이라는 경제와 관련된 개념을 사용했다.

고액 알바든 지옥 알바든 모두 노동이다

생산력, 생산관계, 생산양식 중에서 우선 생산력이란 무슨 뜻
일까?

생산을 하는 행위는 노동이다. 노동을 하기 위해 필요한 것이
노동력과 대상, 생산수단이다. 노동력은 인간이 일할 수 있는 능
력을 말한다. 사냥을 하려면 사냥감이 있어야 하는 것처럼 노동
력에는 발휘할 대상이 있어야 한다. 크게 보아 노동의 대상은 자
연이다. 다른 동물과 달리 인간은 노동을 통해 자연을 변화시킨
다. 이것이 인간과 다른 동물의 중요한 차이점이다. 동물은 자연
에 순응하고 자연 속에서 살아가지만 인간은 자연을 변화시킨다.

그런데 인간의 노동에는 도구가 필요하다. 사냥을 할 때는 활이
나 총이 필요하고 농사를 지을 때는 쟁기나 낫 등이 필요하다. 이
러한 도구를 '생산수단'이라고 부른다. 여러분이 알바를 하는 편
의점이나 주유소 등도 생산수단이라 할 수 있다. 그럼 편의점이
나 주유소 알바는 무엇을 생산해낼까? 바로 서비스이다. 서비스
또한 공장에서 만들어진 자동차와 같은 상품이다. 그런데 여기서
상품은 자본주의를 이해하는 핵심 개념이다. 그래서 마르크스는
『자본론』 본문의 첫 문장을 상품으로 시작했다.

"자본주의적 생산양식이 지배하는 사회의 부는 하나의 거대한

'상품집적'으로 나타나고, 하나하나의 상품은 이러한 부의 기본 형태로 나타난다. 그러므로 우리의 연구는 상품의 분석으로부터 시작한다."

상품이란 시장에서 거래되는 모든 것을 뜻한다. 예를 들면 자신이 직접 먹기 위해 만드는 빵은 상품이 아니지만, 시장에 내다 팔아 이윤을 남기기 위해 만든 빵은 상품이다. 마르크스는 자본주의의 특징이 상품 생산을 통한 이윤추구에 있다고 생각했다. 이를 위해 인간을 포함해 모든 것이 상품화되었기에 자본주의의 문제가 발생한다. 자신이 먹는 식품에는 절대 그렇게 하지 않으면서, 더 많은 이윤을 남기기 위해 내다파는 식품에는 불량 재료를 사용한다. 물론 이런 일은 규제를 통해 단속이 가능하다. 하지만 자본주의에서는 인간의 이기심에 근거한 이윤추구가 절대불변의 기본 정서가 되면서 이윤이 모든 것을 판단하는 핵심 기준이자, 살아가는 이유가 된다. 살아가는 데 필요한 거의 모든 것이 상품이 되었기에 돈이 없으면 살(live) 수 없다. 살기 위해 사고(buy), 사기 위해 살게 된 것이다.

다시 생산력에 대한 설명으로 돌아가 인류가 처음 농사를 지었을 때를 생각해보자. 당시에는 변변한 농기구가 없었을 것이다. 나무 막대기나 판자를 얼기설기 엮어서 삽을 만들고, 반달돌칼 같은 것을 만들어 사용했다. 아무리 열심히 일을 해봐야 거두어들일 수 있는 수확물의 양은 매우 적었을 것이다. 당시의 생산력을 비료와 농약, 콤바인이나 트랙터 같은 기계를 쓰는 오늘날의 농업과 비교해보면 그 차이는 어마어마하다. 최초의 공업 역시 돌을 쪼개서 돌칼을 만드는 수공업이었을 것이다. 시간이 흘러서 가내수공업 형태로 집에서 혼자 물건을 만들어 파는 단계에 이르렀다. 하지만 오늘날에는 거대한 공장에서 대량으로 물건이 만들어져 나오고 있다. 이러한 생산력의 변화가 곧 생산관계의 변화를 이끌어낸다고 마르크스는 말했다.

'생산관계'란 무엇일까? 생산 속에서 사람들이 맺게 되는 관계이다. 이때 중요한 것은 생산수단을 갖고 있느냐, 그렇지 않느냐이다. 생산수단이란 앞서 예로 들었던 농기구처럼 노동에 필요한 도구를 말한다. 그뿐만 아니라 땅, 편의점, 주유소, 자본 등도 생산수단이 된다.

> 인간은 생활의 사회적 생산에서 그들의 물적 생산력의 일정한 발전 수준에 따르는 일정한, 필연적인, 그들의 의사와는 상관없는 관계인 생산관계를 맺는다.
>
> – 마르크스 『정치경제학 비판』 서문 중에서

농사를 예로 들면 땅을 갖고 있는 사람을 '지주'라고 한다. 지주는 농업에 필요한 생산수단인 땅을 갖고 있다. 땅이 없는 사람은 소작인이 된다. 소작인은 지주에게 땅을 빌려서 농사를 짓고, 땅을 빌린 대가로 수확물을 바친다. 그럼 자본주의 시대에는 어떠한가? 자본주의 시대의 생산수단은 자본이다. 자본이란 단순히 유통되고 저축되는 돈이 아니다. 자본은 생산수단이고 노동력과 결합하여 새로운 가치를 만들어내는 돈이다. 그래서 자본을 갖고 있는 사람은 자본가가 되고, 자본이 없는 사람은 노동자가 된다. 알바를 하는 학생 또한 편의점 주인이나 주유소 사장과 생산관계로 연결된 노동자이다. 편의점이나 주유소 등도 자본이 있어야 가질 수 있다.

프랑스 사회학자인 피에르 부르디외(Pierre Bourdieu, 1930~2002)는 마르크스의 자본을 네 가지 유형으로 세분화했다. 마르크스의 경제적 자본 외에 문화적 자본(가족과 교육을 통해서 얻는 지적 능력), 사회적 자본(출신 지역, 학교 등 연고와 사교활동으로 맺는 사회적 관계), 상징적 자본(신용, 명예, 평판, 외모 등)이 그것이다. 학벌사회와 외모지상주의의 예에서 보듯 경제적 자본을 바탕으로 만들 수 있고 손쉽게 경제적 자본으로 바꿀 수 있는 자본의 확장인 셈이다. 건물주나 자산가 등의 자본가가 아닌 노동자 계급에 속한 젊은이가 성공에 이르는 데 놓인 장벽은 물질적 불평등만 있는 것이 아니다.

자본의 장벽이 있기 이전의 신분 관계는 매우 복잡했다. 봉건시대만 해도 왕과 귀족, 기사, 평민, 노예나 다름없는 농노가 있었다. 그리고 기술을 지닌 장인과 그 밑에서 일하는 도제가 있었다. 그런데 자본주의 사회로 변화하면서 이 관계가 매우 단순해졌다고 마르크스는 말했다. 자본이 있느냐, 없느냐로 자본가인 부르주아와 노동자인 프롤레타리아가 구분된다는 것이다. 고액 알바든 지옥 알바든, 정규직이든 비정규직이든, 고위직이든 하위직이든 노동자인 것은 모두 마찬가지다.

모든 사람은 자신의 의사와는 무관하게 두 계급 중 하나가 될 수밖에 없다고 마르크스는 주장했다. 하지만 마르크스는 후기 자본주의 시대, 즉 지식정보와 서비스가 주도하는 시대는 상상조차 할 수 없었을 것이다. 당시에는 타이거 우즈같이 수백억 원을 버는 프로 골프선수도 없었고, 지식정보만 가지고 창고에서 시작해 거부가 된 빌 게이츠나 스티브 잡스도 없었다. 타이거 우즈는 자본가인가, 노동자인가? 빌 게이츠는? 하지만 대다수의 사람은 월급 100만 원을 받든, 1억 원을 받든 여전히 월급을 주는 사람과 눈치 보는 관계를 맺고 있다. 그래서 눈치를 덜 봐도 되는 공무원이 인기인가 보다.

생산양식은 생산력과 생산관계가 합쳐진 것이다. 앞서 이야기했던 자본주의니 봉건제니 하는 것이 바로 생산양식이다. 마르크스는 인간의 역사를 다섯 가지 생산양식으로 나누었다. 원시 공산사회, 고대 노예제 사회, 중세 봉건제 사회, 자본주의 사회, 그리고 공산주의 사회이다. 생산양식은 현미경이 필요한 오늘날의 복잡한 사회에서는 필요 없는 망원경과 같다. 하지만 망원경도 뒤집어 보면 현미경처럼 쓸 수 있다. 우리가 사는 세계는 자본주의가 지배적이지만 아직도 원시 공산사회, 고대 노예제 사회, 중세 봉건제 사회의 흔적이 곳곳에 남아 있기 때문이다.

원시 공산사회에서 '공산(共産)'이란 '함께 생산한다'는 뜻이다. 함께 생산해서 함께 나누는 사회라는 뜻으로 네 것, 내 것 등 사유재산의 개념이 없었다. 당시에는 생산수단이라는 것 자체가 기껏해야 나무막대기 정도였을 것이다. 그런데 생산력이 발달하면서 먹고 쓰고 남는 것이 생기게 되어 이것을 '잉여 생산물'이라고 했다. 이 잉여 생산물을 누가 갖느냐에 따라 지배자와 피지배자라는 계급이 생겨났다. 지배계급은 잉여 생산물을 차지하기 때문에 더 이상 직접 노동을 할 필요가 없었다. 다만 더 많은 피지배자들을 원할 뿐이었다. 이때의 생산수단은 무엇이었을까? 바로 노예였다. 그래서 이 시대를 고대 노예제 사회라고 부른다. 생산수단이 없었던 원시 부족사회가 노예와 주인으로 계급이 나뉘는 노예제 사회로 변화한 것이다.

고대 노예제 사회 다음으로 중세 봉건제 사회가 도래했다. 이때의 생산수단은 토지였다. 토지를 가진 사람을 영주, 가지지 못한 사람을 농노(農奴)라고 했다. 영주가 농노를 사고팔거나 죽이지는 못했으니 농노는 노예보다 형편이 조금 나은 편이었다. 또한 자기 재산도 가질 수 있었다. 하지만 마음대로 이사를 가거나 직업을 바꾸는 등의 자유는 없었다. 자기 몸을 자기 뜻대로 하지 못한다는 점에서는 노예와 마찬가지였다.

봉건제 사회의 여러 특징 중 하나는 왕과 가신(家臣)의 존재이다. 가신은 말 그대로 가족 같은 신하를 말한다. 가신은 왕에게 충성을 맹세하고, 왕은 그 대가로 가신에게 영토를 나누어 주었으며, 가신은 자기 영토를 다스릴 수 있는 권리를 갖게 되었다. 하지만 위급한 상황이 되면 왕은 가신을 부르고, 가신은 군대를 이끌고 왕을 보호해야 했다. 실제로 봉건제 사회의 영주들은 왕과 가족 관계인 경우가 많았다. 아버지와 형제들이 마치 영토를 나누듯 각각의 기업체를 전체적으로 하나인 것처럼 경영하는 오늘날 우리나라의 삼성, 현대 같은 재벌도 비슷한 경우이다. 지금은 봉건사회가 아니기에 재벌 개혁 요구는 당연하다 하겠다.

중세 봉건사회 이후의 근대사회에서는 상업 발달에서 시작하여 산업혁명으로 자본주의를 발전시켰다. 그런데 생산양식은 왜 이처럼 변화했을까? 마르크스는 고민했다. 그에 대한 결론을 쉽게 말하자면 이렇다.

"그래, 생산양식이 변화하는 이유는 기존의 생산양식이 한계에 부딪쳤기 때문이야. 더 정확하게 말하면 생산력은 계속 발전하는데 생산관계가 걸림돌이 되기 때문이지."

이 말을 어렵게 하면 이렇다.

> 사회의 물적 생산력은 어떤 발전 단계에 이르면 그들이 지금까지 그 안에서 움직였던 기존의 생산관계, 또는 이것의 단지 법률적 표현일 뿐인 소유관계와 모순에 빠진다. 이들 관계는 생산력의 발전 형태로부터 질곡으로 전환된다. 그러면 사회적 혁명기가 도래한다. 물적 토대인 경제적 기초의 변화와 더불어 전체의 거대한 상부구조가 조만간 변혁된다.
>
> – 마르크스 『정치경제학 비판』 서문 중에서

생산관계는 생산수단을 소유하고 있는지의 여부에 따라 결정된다. 노예와 노예주, 농노와 영주, 노동자와 자본가의 관계가 생산관계가 된다. 그런데 이런 관계 때문에 생산력의 발달이 저해될 수 있다. 영국의 경제학자인 애덤 스미스는 그의 저서 『국부론』에서 분업을 통해 핀을 만드는 공장의 예를 들어 생산력 증가에 대해 설명했다. 공장에서 물건을 만들려면 각종 기계와 원자재, 기계를 움직이는 동력도 있어야 하지만, 이런 것은 모두 자본으로 준비할 수 있었다. 하지만 생산할 노동력이 없다면 어떻게 될까? 봉건사회에서 일을 하는 사람은 농노였다. 그런데 농노들은 마음대로 농사일을 그만두고 도시로 가서 공장에 취직할 수 없었다. 이사를 하거나 직업을 선택할 자유가 없었기 때문이다.

또한 봉건사회를 지탱하는 억압적인 신분제도 때문에 자본가들은 마음껏 생산 활동을 할 수 없었다. 봉건사회에서 나라를 다스리는 것은 왕과 일부 귀족, 그리고 성직자들이었다. 이들이 자본가의 이익을 대변해줄 리는 없었다. 자본가는 정치적, 경제적으로 체제에 발목이 잡혀 있었다. 그리하여 자본가와 봉건사회 지배자 사이의 갈등은 계속 커져갔다. 결국 참다못한 자본가들이 들고 일어나 혁명을 일으키게 되었다. 프랑스 혁명이 그 대표적인 예이다. 프랑스 혁명에는 노동자와 농민도 함께 참여했다. 하지만 혁명의 결과로 봉건제도가 몰락하고 자본주의를 향해 나아가게 되었기 때문에 프랑스 혁명을 '부르주아 혁명'이라고 부른다.

프랑스 혁명 이후 봉건제에서 해방된 농노들은 자유로운 개인이 되었다. 하지만 토지도, 자본도 없는 그들의 유일한 생산수단은 자신의 몸뿐이었다. 그래서 그들은 노동자가 될 수밖에 없었다. 토지에서 해방되어 자본에 종속된 것이다. 이렇게 영주와 농노로 대표되는 생산관계는 무너지고, 자본가와 노동자로 대표되는 새로운 생산관계가 자리를 잡게 되었다. 그리고 봉건사회는 자본주의 사회로 발전했다. 걸림돌이 되는 낡은 생산관계가 무너

졌으니 생산력은 발전에 박차를 가해 오늘에 이르게 되었다.

농업, 산업, 정보화시대 다음은 절약의 시대

지금까지 자본주의 사회가 어떻게 발전했는지 살펴보았다. 그렇다면 오늘날 자본주의 사회에서도 생산관계가 생산력에 걸림돌이 될까? 사실 여기서부터 마르크스의 예견은 시대의 한계 때문에 근시안적으로 변화했다. 자본가와 노동자라는 단순 대비가 명쾌하긴 하지만 현실은 그렇지 않기 때문이다. 오늘날 우리는 가난한 자본가와 부자 노동자를 주변에서 어렵지 않게 찾아볼 수 있다. 그렇다면 자본주의는 언제 변화하게 될까? 마르크스에 따르면 생산관계가 생산력 발전에 걸림돌이 되는 시점이다. 하지만 자본주의는 생산력 발전에 맞춰 발 빠르게 생산관계를 변화시켜 왔다. 그것을 '후기 자본주의'라고 부른다.

후기 자본주의 시대는 미국을 기준으로 1950년대 후반부터 시작되었다. 농업이나 공업 등 직접 노동에 종사하는 사람이 전체의 50퍼센트 이하로 줄어든 시점이다. 나머지 50퍼센트는 직접 노동이 아니라 사무관리, 교육, 의료, 행정, 서비스 등 지식정보에 근거한 노동을 했다. 그래서 후기 자본주의 시대를 지식정보화 시대라고도 한다. 현재 대부분의 선진국이 여기에 포함된다.

지식정보화 시대에서 중요한 것은 지식과 정보를 가진 개인이다. 1992년 노벨 경제학상을 받은 시카고 대학의 베커 교수는

『인적자본』에서 처음으로 개인을 경제 생산성을 높이는 주요 주체로 바라보았다. 즉 화폐뿐만 아니라 인간 개개인이 갖는 지식정보도 자본이 된다는 것이다. 1964년에 발표한 저서가 뒤늦게 노벨상을 받은 이유는 아마 빌 게이츠나 스티브 잡스 같은 사례가 그의 이론을 증명해주었기 때문일 것이다.

마르크스는 당시 비참한 삶을 사는 노동자들을 위한 공산주의 운동을 펼쳤다. 그래서 계급이 아닌 개인의 잠재력에 대해서는 미처 파악하지 못했다. 하지만 최근 100년 동안의 시대 변화는 그동안 인류가 이루어온 모든 발전을 능가한다. 그러니 150년 전 사람인 마르크스에게 그 변화를 읽지 못한 책임을 묻는 것은 지나치다 하겠다.

인간 개개인을 단순한 노동력이 아니라 인적자본으로 바라보는 관점은 오늘날 우리 사회를 바라보는 데에도 많은 것을 시사한다. 6·25 전쟁으로 폐허가 된 대한민국은 1970년대 초만 해도 북한이나 필리핀에 비해 가난한 나라였다. 석유나 석탄 같은 자원이 없고, 땅도 좁아서 농업 또한 경쟁력이 없으니 선진국의 원조에 의존해야 했다. 하지만 모든 것을 희생하더라도 인적자본에 대한 투자는 멈추지 않았다. 이것이 바로 오늘날까지 이어지는 대한민국의 교육열이다. 교육열은 단순한 신분상승의 욕구가 아니다. 가진 것이 그것뿐이었으므로 인적자본에 합리적으로 자원 배분을 한 것이라고 볼 수 있다. 인적자본의 대표적인 예가 IT(지식산업) 업종이다.

이처럼 후기 자본주의는 발 빠르게 변신해왔다. 덕분에 국가는 부유해졌겠지만, 대다수 개인에게 자본주의 현실은 여전히 상대적으로 비참하다. 현재 미국의 경우 1퍼센트의 부유층만이 지속적으로 부를 쌓고 있으며, 나머지 99퍼센트는 가계부채가 조절 불가능한 상황이다. 만약 미국에서 빈부격차로 폭동이 일어나면 통제 불능에 빠진 미국 경제와 정치적 지각변동이 전 세계를 대혼란으로 몰고 갈 것이다. 이러한 시대에 각자 알아서 살아남으려고 발버둥 치면서 오히려 세계적인 대붕괴가 올 것이라고 미래학자들은 예측한다. 미국과 같은 상황이 유럽연합과 중국에서 부정적인 방향으로 조금씩 진행되고 있다. 그 영향을 가장 먼저 받은 나라는 그리스와 스페인이지만, 아마도 그 영향을 가장 많이 받는 나라는 우리나라가 될 것이다.

2012년 방한한 미래학자 짐 데이토(Jim Dator, 1971~) 박사는 농경시대, 산업시대, 정보화시대 다음으로 '절약의 시대(conserver society)'가 올 것이라고 예측했다. 다른 말로 '생존이 최우선인 시대'가 되는 것이다. 국가든, 기업이든, 개인이든 누구도 자본주의의 위기로부터 안심할 수 없는 시대가 되었다. 이미 위기에 내몰린 많은 사람들이 곳곳에서 아우성이다. 마르크스가 예측했듯 생산력의 발달을 가로막는 생산관계가 무엇인지 따져봐야 할 시점이 되었다. 이런 면에서 전 세계적으로 논의되고 있는 '기본소득'에 주목할 필요가 있다. 기본소득은 재산이나 소득의 유무, 노동 여부나 노동 의사와 관계없이 사회 구성원 모두에게 최소한의 생활비를 지급하는 제도로 보편적 복지의 핵심이자, 부의 편중으로 발생하는 자본주의의 위기를 극복할 수 있는 거의 유일한 방안이다.

　오늘날 자본주의의 위기는 경제가 실물이 아닌 화폐에 근거한 다는 것이 근본적인 원인이다. 실물경제는 일상생활에서 실제 사용되는 상품을 중심으로 하고, 화폐경제는 말 그대로 은행, 증권, 외환거래 등 화폐를 중심으로 한다. 현재 자본주의 경제에서는 실물경제에 필요한 것보다 몇 천 배 많은 화폐들이 금융자본의 형태로 거래되고 있는데, 그 거래 과정에서 파산하는 국가가 발생한다. 1998년에 우리나라가 겪은 IMF 사태나 그리스, 스페인의 경우가 그렇다. 실물경제가 아니라 화폐경제에 근거하고 있기 때문에 금융위기라는 외부적 요인에 의해 실물경제마저 파산하는 것이다. 쉽게 말해 돈이 기업은 물론, 사람을 지배하고 국가도 지배하는 상황인 것이다.

　돈의 지배력이 강화되면 빈부격차는 점점 커질 수밖에 없다. 이처럼 빈부격차 심화로 폭동 직전에 이르는 현실은 1994년 노벨 경제학상을 받은 존 내쉬(John Nash, 1928~2015)의 '내쉬 균형' 이론을 적용해 설명할 수 있다. 내쉬는 영화 「뷰티풀 마인드」의 실제 인물로도 유명하다.

　'내쉬 균형'이란 쉽게 말해 각자 자신에게 유리한 선택을 하다 보면 결국에는 서로가 균형에 도달한다는 뜻이다. 그런데 이때의 균형은 바람직한 상태가 아니다. 선택에 참여하는 당사자 모두가 다른 상태로 움직일 경우 손해를 보기 때문에 더 이상 새로운 선택을 할 수 없는, 어쩔 수 없는 상태라는 의미의 균형이다. 그래서 삼성과 애플은 불필요한 광고 전쟁을 벌이게 되고, 병원은 단지 홍보를 위해 잘 사용하지 않는 첨단의료기기를 도입해야 하며, 커피 전문점은 비싼 임대료에도 불구하고 소비자가 많은 도심에 밀집하게 된다.

마르크스가 예견한 노동자와 자본가의 투쟁 또한 전체적으로 보면 '내쉬 균형' 상태로 볼 수 있다. 노동자는 일자리가 필요하고, 자본가는 노동력이 필요하다. 그래서 많은 갈등이 있어도 혁명은 일어나지 않고 균형을 이루고 있다. 빈부격차가 심화되어 불안감과 위기감이 그 어느 때보다 크지만, 개개인이 아무런 행동을 취하지 못하는 것 또한 어쩔 수 없는 '내쉬 균형' 상태라고 할 수 있다.

이처럼 문제를 알면서도 어쩔 수 없이 아무런 선택을 하지 못하는 경우를 경제학에서는 '합리적 무시(rational ignorance)'라고 부른다. 문제를 개선하는 데에는 많은 비용이 들고, 한 개인의 비용으로 할 수 있는 일은 거의 없기 때문에 개인은 모른 척할 수밖에 없다는 뜻이다. 하지만 2010년 이후 상황은 달라졌다. 소셜 네트워크와 스마트폰으로 연결된 개인은 새로운 방법으로 자신의 의견을 집단화할 수 있기 때문이다.

소셜 네트워크와 스마트폰의 발달은 흩어져 있는 개인들을 하나로 모으는 역할을 한다. 형·동생 혹은 선후배 대신 서로의 닉네임으로 호칭하는 평등한 오프라인 모임이 일상화되면서, 서로 간의 교류가 시선의 불편함 없이 가능해졌다. 그리고 눈에 보이는 범위를 넘어서는 전 지구적 사이버 공동체도 불가능한 일이 아니게 되었다. 소셜 네트워크와 스마트폰이라는 생산력의 발달로 인해 전통적인 혈연, 지연 관계가 변화되고 있는 것이다. 그래서 자신이 전체 집단과 얼마나 긴밀하게 연결되어 있는지를 누구나 쉽게 깨달을 수밖에 없는 시대가 되었다.

깨달음에 따른 자기 몫의 책임을 떠맡기도 더없이 편리해졌다. 댓글을 달거나, 팔로잉을 하거나, 리트윗을 통해 큰 결단 없이도 자신의 의견을 표현할 수 있다. 사안에 따라 작은 오프라인 모임을 갖거나 촛불시위 같은 대규모 모임에 참여할 수 있다. 아는 것과 행동하는 것 사이의 거리가 손 안의 스마트폰으로 좁혀진 것이다. '지행합일(知行合一)'이 손쉬워졌다. 지식의 중요성과 함께 그 실천을 강조한 마르크스, 동서양을 대표하는 공자와 소크라테스는 모두 '지행합일'을 강조했다. 최근 몇 년 사이에 벌어지고 있는 이런 현상을 과연 마르크스가 상상이나 할 수 있었을까?

> 발전을 거치는 가운데 계급적 차이가 사라지고 모든 생산이 연합된 개인의 손 안에 집중되면, 공권력은 그 정치적 성격을 잃어버리게 될 것이다. ……(중략)…… 계급과 계급의 대립으로 얼룩진 낡은 부르주아 사회 대신에 각자의 자유로운 발전이 전체의 자유로운 발전의 조건이 되는 연합체가 나타나게 될 것이다.
>
> **– 마르크스와 엥겔스 「공산당 선언」 중에서**

마르크스는 생산력의 발전이 생산관계를 변화시킨다고 했다. 그리고 생산력 발전의 끝에 해당하는 생산관계는 자유로운 개인의 연합이라고 말했다. 그러므로 오늘날 우리가 비난해야 할 대상은 마르크스가 아니라, 마르크스의 이름을 빌어 자신의 이익을 추구한 과거 공산주의 국가의 독재자들이어야 한다.

상상해보자. 지배하는 정치권력 없이 자유로운 개인의 연합으로 이루어진 공동체, 각자의 자유로운 발전이 전체의 자유로운 발전의 조건이 되는 연합체. 여기서 여러분은 어떤 모습을 떠올리는가? 지금은 망해 없어진 공산주의 국가? 아니다. 소셜 네트워크로 연결되어 변화하는 현재의 모습이 그려지지 않는가? 그 사회를 만들어내는 방법 역시 어렵지도, 거창하지도 않다. 소셜 네트워크와 스마트폰을 활용하는 자유로운 개인이 저마다 자기 몫의 책임을 찾아 맡기만 하면 된다. 그렇다면 세대 차이가 개인 차이로 변한 이 시대는 절망이 아니라 희망의 시작이 될 것이다. 인간에게 존재만큼 중요한 것은 의미 있는 행동이다.

위대한 행동이라는 것은 없다.
위대한 사랑으로 행한 작은 행동이 있을 뿐이다.

- 테레사 수녀

9

니체,
철학의 반란자

Nietzsche

너 자신이 되어라

영혼에서 시작해 이성으로 끝나는 소크라테스에서 칸트까지의 과정은 인간을 설명하기 위한 여행이었다. 인간은 육체와 영혼으로 이루어졌는데, 육체는 더럽고 미련하지만 영혼은 순수하고 총명한 것이므로 육체를 버리고 영혼을 따라야 한다고 소크라테스는 말했다. 그래서 육체와 영혼이 분리되는 죽음을 즐겁게 받아들였다. 하지만 니체는 소크라테스처럼 육체를 경멸하는 자들에게 제발 "육체와 고별하고 침묵하라"고 말했다. 그리고 육체가 없다면 어떻게 기쁨을 느낄 수 있겠냐고 물었다. 이처럼 니체는 "너 자신을 알라"는 소크라테스를 비판하며 "너 자신이 되어라"고 말했다.

니체는 2,000년 넘게 내려온 철학의 역사에서 도무지 상상할 수 없는 반란자였다. 그에게 철학은 어려운 것도, 고상한 것도 아니었다. 그저 '자신을 아름답게 꾸미기 위해서 필요한 옷가지와 가면'이었다. 철학보다 중요한 것은 자기 자신이었다. 비교를 통해 나를 아는 것이 아니라 있는 그대로의 나를 보는 것이었다. 자기 자신을 긍정하기란 쉽지 않고, 인정하기는 더욱 쉽지 않다. 그러나 니체는 항상 자기 자신이고자 했다. 그리고 자신을 기만하거나 약하게 만드는 모든 것을 망치로 부숴버렸다.

20세기에 가장 큰 영향을 준 세 사람 중에서 마르크스와 프로이트는 이미 과거가 되었다. 마르크스의 이론은 현실에서 실패하여 희망만 남겨놓았고, 프로이트의 무의식 탐구는 여전히 발전에 발전을 거듭하고 있지만 사람들의 관심은 점점 그에게서 멀어져 진화심리학과 뇌과학을 향하고 있다. 그러나 니체의 사상은 여전히 현대 의식의 지평선에 우뚝 서서 미래를 바라보고 있다. 많은 현대철학자들이 니체를 따라했지만 그를 대체하지 못했다.

니체는 과거에서 현재를 거쳐 먼 미래로 이어지는 인간의 삶에 대해 말했다. 그는 우리가 지금까지 생각했던 진리와 과학, 도덕에 커다란 변화가 일어날 것이라고 예견했다. 그러나 아직 아무도 니체가 예견한 변화를 말하지 않고 있다. 니체가 말한 커다란 변화는 100년이 지난 오늘날에야 비로소 제대로 빛을 발하게 될 지혜였다. 아직 아무도 말하지 않은 그 지혜는 무엇일까?

니체가 인류에게 준 새로운 희망을 이해하기 쉽게 순서대로 요약하면 '힘의지, 초인, 영원회귀'이다. 니체의 방대한 저작물은 이

259

세 단어를 설명하기 위한 거대한 서사시이다. 느리게 빠르게, 때로는 차분하고 때로는 격정적으로, 솔직한 기쁨과 비통한 슬픔이 교차하는 웅장한 교향곡이다. 니체의 저작물 어디를 펼쳐 놓고 보아도 마찬가지니 직접 감상해보는 것도 좋겠다. 아주 간단하게 말하면 힘의지는 누구나 갖고 있는 것이다. 하지만 이를 제대로 사용하려면 초인이 되어야 한다. 그리고 초인은 영원회귀 안에서 살고 있다. 세 가지는 서로 연결하여 이해해야 한다.

> 무엇보다도 우선, 살아 있는 어떤 것은 자신의 힘을 발산하려고 한다. 삶 자체는 힘의지(will to power)이다. 자기 보존은 단지 힘의지 가운데서 간접적이며 가장 자주 나타나는 결과 중의 하나일 뿐이다. 간단히 말해 보존 의지는 그와 같은 원리 중의 하나이다.
>
> — 니체 「선과 악의 저편」 중에서

니체의 '힘의지'는 이 세상 모든 생명이 가지는 근원적인 에너지이다. 모든 생명은 자신의 생명을 보존하는 한편, 더 나은 상태로 한 단계 상승시키고자 하는 의지가 있다. 니체는 이 의지야말로 이 세상을 움직이는 근본 원리라고 보았다.

힘의지는 '힘에의 의지'라고 번역되어 왔는데 바람직한 우리말 어법이 아니고 읽기도 어렵다. 직역해서 '권력의지'라고도 하는데, 그러면 니체의 힘의지를 악용한 히틀러를 연상시켜서 마땅치 않다. 그러니 '힘에의 의지'를 '힘의지'라고 줄여 말하는 것이 좋을

듯싶다. 힘의지는 두 단어 같지만 한 단어로 이해해야 한다. 인간을 육체와 영혼으로 나눈 소크라테스와 달리 니체는 하나의 의미로 사용했기 때문이다.

> 나는 생명체를 발견하는 곳에서는 언제나 힘의지를 발견했다. 심지어 노예의 의지 속에서도 주인이고자 하는 의지를 발견했다. 약한 자의 의지는 스스로를 설득하여 강한 자에게 봉사하게 만든다. 그리고 약한 자의 의지는 더 약한 자의 주인이 되기를 원한다. 이 기쁨만은 절대로 포기하려 하지 않는다. 작은 자가 훨씬 더 작은 자를 통해 기쁨과 힘을 느끼기 위해 더 큰 자에게 굴종하듯이, 더 큰 자 또한 굴종하고 생명을 건다.
>
> – 니체 『차라투스트라는 이렇게 말했다』 중에서

1883년 2월 니체는 이탈리아의 라팔로에서 겨울을 보내며 자신의 대표작인 『차라투스트라는 이렇게 말했다』 1부를 썼다. 단 열흘 만이었다. 이 책 제목을 들어본 사람은 많겠지만 차라투스트라가 실존인물이라는 사실은 아마 잘 모를 것이다. 차라투스트라는 기원전 628년경에 태어나, 이슬람교 이전에 페르시아의 종교였던 조로아스터교를 창시한 예언자이다. 니체는 그의 입을 빌려서 새 시대를 향한 메시지를 전달하려 했다.

힘의지는 누구나 갖고 있는 움직임의 에너지이다. 하지만 힘의지를 제대로 사용하지 못하면 위의 인용문에서 말하는 것처럼 지배와 굴종이라는 관계로 전락해버린다. 실제 우리가 사는 현실은 다양한 크기의 힘의지들이 얽히고설킨 각양각색의 지배와 굴종이 넘쳐나는 세계이다. 가장 가까운 가족은 물론 학교 안의 친구, 나아가 사회와 국가는 모두 다양한 크기의 힘의지들이 부딪쳐 출렁이며 흐르고 있다. 이것을 어쩔 수 없는 당연한 일이라고 히틀러처럼 생각한다면 니체는 아무런 의미가 없다. 대학살을 자행한 히틀러의 몰락과 함께 마땅히 묻혀야 하는 사람일 뿐이다.

니체는 고전문헌학자인 자신의 역량을 충분히 발휘하여 힘의지들의 부딪침을 분석하고 대안을 찾았다. 무엇을 분석했는가? 힘의지들의 부딪침을 모른 척하며 사람들의 관심을 다른 곳으로 돌리는, 그래서 힘의지를 제대로 사용하지 못하게 만드는 기독교와 전통 철학이었다. 힘의지는 긍정적으로도, 부정적으로도 사용될 수 있는데, 부정적 사용의 대표적 예가 바로 기독교와 전통 철학이었다. 기독교와 전통 철학에서는 인간의 믿음과 이성만을 긍정적인 것으로 보고, 힘의지의 표출인 다른 모든 인간적인 면은 금욕과 절제를 통해 억제해야 한다고 생각했기 때문이다.

목사 집안에서 태어났지만 니체는 믿음을 받아들이기에는 너무나 자유롭고 예리한 사고를 지니고 있었다. 니체에게 믿음의 대상인 신은 인간의 상상력이 만들어낸 가장 큰 힘의지에 불과했다. 그리고 종교는 모든 사람은 신 앞에서 평등하다는 거짓 위안을 가져다주었다. 상상 속의 신은 다양한 크기의 힘의지들이 얽히고설킨 현실을 미래의 천국과 지옥으로 대체해버렸다.

"천국에 가고 싶은가? 그렇다면 지금의 고통을 받아들여라. 천국은 가난하고 핍박받는 사람들의 것이다."

　이처럼 신에 대한 믿음을 전제로 한 기독교 신앙은 고통을 인정하지 않고 희생을 강조했다. 그리고 자신이 고통스럽다는 사실을 인정하지 않기 위해 그것을 정당화시킬 이유를 찾았다. 그런 그들에게 '악마'는 매우 유용했다. 왜냐하면 악마처럼 무섭고 강한 적으로 인해 고통받고 있다면, 그 고통을 부끄럽게 느끼지 않아도 되기 때문이었다. 하지만 현실을 사는 사람들은 모두 고통받고 있다. 불교에서는 고통을 죄의 결과라고 생각하지 않는다. 왜냐하면 불교에서 삼법인 중의 하나인 일체개고는 '나는 고통스럽다'고 솔직히 말하기 때문이다. 니체는 이런 솔직함을 좋아했다.

　인간의 이성만을 긍정적인 것으로 보는 전통 철학에서도 힘의 지를 외면하기는 마찬가지였다. 철학의 종결자인 칸트는 "네 행동의 원칙이 늘 보편타당한 입법의 원리가 되도록 행동하라"고 말했다. 보편타당한 입법의 원리란 누구나 인정한다는 뜻이다. 그러니 누구나 인정하는 대로 행동해야 했다. 당연한 말이지만, 그것이 전부일까? 이러한 도덕은 개인 속에 있는 무리의 본능이기 때문에 도덕적 믿음은 늘 집단의 믿음일 뿐이라고 니체는 비판했다. 그는 "도덕은 내가 창안한 것, 가장 개인적인 방어물이자 나에게 가장 필요한 것이 되어야 한다. 보편 원리가 아니라 저마다 자신의 도덕을 만들어야 한다"고 주장했다.

　힘의지는 현재의 상태를 뛰어넘어 더 나은 상태에 이르고자 하는 에너지이다. 니체는 이러한 힘의지가 인간은 물론, 생명을 지닌 모든 것이 공통적으로 갖고 있는 것이라고 했다. 하지만 인간

의 힘의지는 살아 있음에 대한 확인이고 확신이다. 모든 생명체
또한 살아 있지만 살아 있음을 스스로 확인하거나 확신하지는
못한다.

그리고 인간의 힘의지는 자기 자신에 대한 긍정이고 인정이다.
잘났든 못났든, 즐겁든 괴롭든, 유쾌하든 불쾌하든 나는 나다. 즉
신이 아니라 자신을 믿음으로써 인간은 더욱 자유롭고 강한 존
재가 될 수 있다. 니체의 '너 자신이 되어라'라는 힘의지에 근거하
여 '나 자신이 된 것'이 바로 '초인'이다. 초인은 나만의 도덕을 갖
는다. 초인은 보통의 인간을 초월한 초능력자가 아니라 가장 인간
적인 인간을 가리킨다. 공자가 70세에 도달했다는 '종심소욕불유
구(從心所欲不踰矩)'의 인간, 즉 내 마음대로 행동해도 법도에 어긋
나지 않는 인간을 초인이라 할 수 있다.

> 차라투스트라는 군중을 향해 말했다.
> 인간은 짐승과 초인 사이에 걸쳐놓은 하나의 밧줄이다. 하나
> 의 심연을 건너가는 밧줄인 것이다. 건너가는 것도 위험하고,
> 그 위에 있는 것도 위험하며 뒤를 돌아보는 것도 위험하다. 겁
> 내는 것도, 또한 멈춰 있는 것도 위험하다. 인간의 위대한 점
> 은 목적이 아니라 다리란 점에 있다. 인간으로서 사랑을 받는
> 것도 그가 건너가는 존재이며 몰락하는 존재라는 점에 있다.
> **– 니체 「차라투스트라는 이렇게 말했다」 중에서**

모든 생명체가 그렇듯 인간 또한 시간의 흐름 속에서 진화해왔

다. 니체는 다윈의 진화론을 알고 있었지만 전부를 인정하지는 않았다. 돌연변이와 자연선택으로 이루어진 다윈의 진화론에서 개체의 힘의지가 빠져 있기 때문이다. 우연적인 돌연변이와 환경 적응이라는 자연의 필연적인 선택 사이에서 개체의 힘의지는 아무 역할도 하지 못한다. 현대 진화생물학에서는 개체 대신 유전자가 의지를 가지고 있다고 인정하는 분위기이다. 하지만 개체일지라도 인간은 다르다.

인간은 극복되어야 할 그 무엇으로 자신을 끊임없이 진화시켜 왔고 또 진화시키고 있다. 인간은 비록 진화의 산물로 만들어졌지만 거기에 머무르지 않고 진화를 이해했으며, 심지어 유전자 조작을 통해 진화를 만들어낼 수 있다. 이러한 진화를 두려워할 수도 있다. 그래서 니체는 인간을 '짐승과 초인 사이에 걸쳐놓은 하나의 밧줄'이라고 말했다. 밧줄 위에 멈춰 있는 것은 위험하다. 인간의 위대한 점은 칸트가 말한 바와 같이 그 자체로 목적인 추상적 완전함에 있는 것이 아니라, 구체적으로 끊임없이 변화하는 과정 속에 있다는 점이다. 비록 몰락할 수 있을지라도.

인간의 힘의지를 제대로 사용하는 니체의 '초인'은 과거와 현재, 미래에 도래할 바람직한 인간의 모습을 말한다. 과거와 현재의 바람직한 인간은 하늘나라에 대해 설교하는 자들을 믿지 않는다. 그리고 미래의 바람직한 인간은 '대지의 뜻'이 되어야 한다.

대지란 자연이며 우주이다. 그러므로 대지의 뜻이 되기 위해 인간은 자연과 하나가 되어야 한다. 이 말은 동양의 현자 노자를 떠올리게 한다. 자연과 하나가 되기 위해 2,500년 전에 노자는 무

위(無爲)를 말했다. 하지만 100년 전의 니체는 끊임없이 스스로를 진화시켜야 한다는 유위(有爲)를 말했다. 우리는 지금 하나의 심연을 건너가는 중이기 때문이다. 지금까지의 인간 진화과정과는 전혀 다른, 그래서 두려움에 떨게 만드는 거대한 심연이 지금 우리 아래에 놓여 있다.

이 순간, 현재가 중요하다

우리를 두려움에 떨게 만드는 거대한 심연을 직시하기 전에, 우선 나에게 과거와 현재, 미래는 어떤 의미가 있을까 생각해보자. 만약 악마가 나타나서 내가 현재의 삶을 수없이 반복해서 또 살 것이라고, 따라서 삶에 새로운 것은 없고 내 삶에 있던 모든 고통과 기쁨, 모든 생각과 한숨, 크고 작은 모든 일이 똑같은 순서로 되풀이된다고 말한다면 어떨까? 이러한 영원회귀에 우리는 아마도 절망할 것이다. 이때 종교가 위안을 줄 것이다. 기독교에서 인간의 삶은 죽음으로 끝나고, 인류의 삶은 종말로 끝이 난다. 물론 죽음과 종말 이후에 신의 심판이 있고, 이 심판을 거쳐 천국이나 지옥으로 가게 된다. 하지만 신이 없다면? 니체에게 신은 비판의 대상일 뿐이었다. 그래서 니체는 영원회귀를 통해 영원불멸을 말했고, '순간'이 중요하다고 강조했다.

어떤 기쁨에 대해 "그래"라고 말한 적 있는가? 오, 그렇다면 친구여, 너는 모든 재난에 대해서도 "그래"라고 말한 것이다. 모든 것은 사슬처럼 연결되어 서로 뒤얽혀 있으니까. 모든 것은 사랑 속에 있으니까, 만일 네가 한 순간을 두 번 바란 적이 있다면, "오 제발, 이 순간, 이 행복한 순간을 다시 한 번!"이라고 말한 적이 있다면, 너는 모든 것이 되돌아오기를 바란 것이다!

– 니체 「차라투스트라는 이렇게 말했다」 중에서

니체에게 시간은 과거로부터 흘러 현재를 거친 후 미래로 향하지 않았다. 니체의 시간은 지금 현재를 중심으로 과거로도 이어지고, 미래로도 이어졌다. 조금 낯선 시간 해석일 수 있다. 아인슈타인은 시간과 공간이 절대적인 것이 아니라, 물체에 속한 상대적인 속성이라고 했다. 니체에게도 시간은 현재의 나에게 속한 성질일 뿐이다. 그러므로 중요한 것은 시간이 아니라 '순간'을 사는 현재의 '나'이다. '순간'에 집중하는 현재의 '나'에게 순간은 곧 영원이 된다.

니체의 영원회귀는 순간의 연속이다. 그 이유는 모든 것이 사슬처럼 연결되어 있고, 모든 것이 사랑 속에 있기 때문이다. 모든 것이 연결되어 있다는 것은 불교의 연기론과 통한다. 연기론에 의하면 모든 것이 연결되어 있기 때문에 고정된 것이 없다. 그래서 인간 또한 고정된 것이 아니다. 하지만 니체에게 '나'는 분명하며 고정된 출발점이다. 니체는 나를 버리지 않았다.

그리고 모든 것이 사랑 속에 있다는 것은 모든 것이 나의 관심

안에서 의미를 갖는다는 뜻이다. 사랑이라는 말은 '살아+ㅇ'이다. 즉 사랑은 내 살이 확장된 것이다. 내 눈과 몸과 마음을 펼쳐 끌어안은 또 다른 '나'이다. 그래서 니체는 "있는 것은 아무것도 버릴 것이 없으며, 없어도 좋은 것이란 없다"고 말했다. 그는 누구보다 현실과 인간의 모습을 긍정적으로 생각했다.

니체 이전의 서양 철학은 현실의 인간을 부정적으로 보았다. 니체가 주요 비판 대상으로 삼은 기독교 역시 마찬가지였다. 왜 부정적으로 보았을까? 현실 속에서 모든 것은 변하기 마련인데, 서양 철학에서는 변화를 부정적인 것으로 여겼기 때문이다. 대신 영원한 것, 변하지 않는 것을 긍정적으로 여겼다. 오늘날에도 크게 다르지 않다. 우리 역시 영원히 변하지 않는 사랑이라든가 늘 한결같은 믿음, 10년 전이나 지금이나 변함없는 사람을 좋다고 생각한다. 그런데 현실의 인간은 어떠한가? 아무리 변하지 않으려 해도 인간은 변할 수밖에 없다. 시간이 흐르면 나이를 먹고 외모가 변하고 관심 분야도, 취향도, 세계관도 바뀌기 마련이다. 이러한 변화는 당연한 일이다. 그런데도 니체 이전의 철학에서는 이렇게 변화하는 현실의 인간을 모자라고, 추하고, 변덕스러운 존재로 여겼다.

인간이 모자라고 추한 존재라면 그 반대편에 있는 존재가 바로 신이다. 신이란 변하는 존재인가? 그렇지 않다. 신은 태초부터 그 모습 그대로 영원히 있는 완벽한 존재이다. 이처럼 정신은 변하지 않는 것, 영원한 것이지만 육체는 그렇지 않다고 여기는 것이 전통적 서양 철학과 기독교에서 전제로 하는 이분법적 사고방식이다. 그러한 영향 아래에서 인간은 완벽해지기 위해 현재를, 자기 자신을 부정해야 했다.

우리도 그렇다. 더 나은 미래, 더 완벽한 자신을 위해 끊임없이 현재를 부정한다. 그중에서도 가장 많이 부정당하는 것이 바로 본능과의 충동이며, 그러한 충동을 낳는 육체이다. 하지만 죽은 다음에 어떻게 될지 우리는 알 수 없다. 그러한 알 수 없는 것을 위해 현재를 부정할 필요가 있을까? 니체는 스스로를 부정할 필요가 전혀 없다고 말했다. 그것이 인간의 당연한 모습이기 때문이다.

그렇다면 니체가 그토록 긍정하라고 외쳤던 인간의 현재 모습은 어떠할까?

인간의 현재 모습이 갖는 세 가지 특징을 니체는 낙타와 사자, 어린아이에 비유했다. 인간은 아이에서 어른이 되고, 노인이 된 후 다시 아이로 전락한다는 말이 있다. 하지만 니체는 인간이 낙타에서 사자로, 그다음 아이로 도약함으로써 가장 바람직한 인간인 초인이 된다고 말했다. 인간의 발전 과정은 낙타의 비굴함과 사자의 오만함에서 벗어나 순진무구하게 순간을 사는 아이가 되는 과정이었다. 물론 낙타와 사자에게서 배울 점도 있다. 낙타는 무거운 짐을 기꺼이 지는 책임감을, 사자는 비록 난폭하지만 자기가 하고 싶은 것을 하는 의지를 지녔다.

낙타는 자신의 힘의지를 제대로 사용하지 못하는 것을 상징한다. 낙타는 무거운 짐을 지고 사막을 지나지만 등에 실린 짐은 낙타의 것이 아니다. 낙타는 왜 자기가 그 짐을 짊어져야 하는지 모르고 그저 짐을 지고 살아간다. 어떤 사람들이 생각나는가? 자기가 질 필요가 없는 짐을 지고 사는 사람들이다. 이런 사람은 좋음과 싫음의 기준이 없다.

낙타가 좋음과 싫음에 대한 자신만의 기준을 지니면 사자가 된다. 사자 등에 짐을 올려놓을 수 있을까? 상상도 할 수 없다. 사자는 자신이 해야 할 일을 알고 자신의 의지에 따라 행동한다. 그러나 그의 자유는 늘 긴장 속에 있다. 옆 동네 사자가 내 영역을 침범할 수 있고, 당장 저녁거리가 없어서 굶지 않을까 걱정도 한다. 사자의 자유는 누리는 자유가 아닌 방어적 자유이다.

사자의 불완전한 자유를 극복하면 어린아이가 된다. 어린아이는 순진무구하며 자신만의 스타일이 있고, 얽매이지 않는다. 니체가 말하는 초인은 자기 세계가 분명하며 스스로 완벽한 인간이다. 어떠한 억압과 구속도 없이 모든 것으로부터 자유로운 인간이다.

초인은 한 번에 도달할 수 있는 것이 아니다. 낙타에서 사자로, 어린아이로 이어지는 극복의 과정이 필요하다. 공부하는 과정도 마찬가지다. 자신의 힘의지를 포기하는 순간 현실은 내 것이 아니다. 현재를 있는 그대로 인정하지 못하고, 자신의 본래 모습을 인정하지 않으면 인간은 언제나 자신을 억압하여 불행해질 수밖에 없다. 니체는 이러한 억압을 떨쳐버려야 한다고 주장했다. 그러기 위해서는 먼저 현재의 자기 자신을 긍정하고 인정해야 한다.

현재의 모습을 인정한다는 것은 지금의 상태로 머물러 있어야 한다는 뜻이 아니다. 자신의 원래 모습을 안다는 것은 그 가능성을 알고 발휘한다는 뜻이다. 변화를 거부하는 것이 아니다. 변화를 거부하는 것은 플라톤이지 니체가 아니다. 니체는 현실 그대로를 인정하면서 적극적으로 변화하고자 하는 의지를 긍정적으로 평가했다. 현재의 나란 이미 변화할 수 있는 나, 결국 변화해야 하는 나이기 때문이다. 니체의 철학이 자기 긍정의 철학인 이유는 바로 이 때문이다.

나 홀로 나의 길을 가련다

우리는 지금 하나의 거대한 심연을 건너는 중이다. 지금까지 인간의 진화과정과는 전혀 다른, 그래서 두렵기도 한 심연이 우리 밑에 놓여 있다. 어떤 심연일까? 두렵다면 니체를 떠올려보자. 비록 심한 과대망상증 상태에서 한 말이지만 니체는 "인류는 내가 살지 않았으면 새로운 희망을 가질 수 없었을 거야"라고 했다. 지금까지 살펴보았듯 니체가 인류에게 준 새로운 희망은 힘의지, 초인, 영원회귀이다.

니체의 힘의지는 우리가 사는 세계가 어떻게 작동하는지 보여주었고, 니체의 초인은 어떻게 살아야 하는지를 말해주었다. 그리고 니체의 영원회귀는 인간이 세계와 만나는 지금 이 순간의 중요성을 강조했다. 그런데 힘의지, 초인, 영원회귀로 요약되는 새로운 희망은 믿기 힘들겠지만 신의 죽음에서 시작된다.

니체가 살던 당시는 이미 이성과 과학의 발달로 더 이상 종교가

지배적인 시대가 아니었다. 이성과 과학의 발달은 세계를 이해하기 위해 신을 필요로 하지 않았다. 그래서 신은 죽었다기보다 골방에 갇혀 인간이 필요할 때 면회 가는 존재로 전락했다. 절대전능의 완벽한 이미지는 온데간데 없고 신은 죽은 채 있었다. 우리가 그를 죽였다. 신에 대한 그동안의 믿음은 절대적 진리가 아니라 사람에 의해 만들어진 관습에 불과했음이 밝혀졌기 때문이다.

니체에게 신의 죽음은 끔찍하지만 아주 신나는 것이었다. 신의 죽음이 끔찍한 이유는 지금껏 우리를 보호해준 자에게 버림받은 느낌이 들기 때문이었고, 신나는 것은 갑자기 우리 세계가 무한해졌기 때문이다. 이제는 어떤 것도 상상할 수 있게 되었으니까. 놀랍게도 신의 죽음은 인간이 신이 되는 과정의 시작이며, 미래의 어느 날에 인간이 신(神)이 되면서 끝이 난다.

니체는 부처와 마찬가지로 과거에서 현재를 거쳐 먼 미래로 이어지는 인간의 삶에 대해 천재적인 통찰력을 발휘했다. '신은 인류가 그들의 부모보다 성장했을 때 직면한 무력감을 달래기 위해 만들어낸 환상'이라고 프로이트는 말했다. 니체는 여기서 한 발 더 나아가 신의 죽음을 인간이 신이 되는 출발점으로 보았다. 그러한 니체의 생각은 인류에게 새로운 희망이 되었다.

니체의 생각을 현재적 의미에서 재해석해보자. 그는 인간을 동물과 초인을 연결해주는 밧줄로 보았다. 그리고 밧줄 아래에는 거대한 심연이 있다. 지금 우리 밑에 놓여 있는 심연은 '특이점 시대'라고 할 수 있다. 특이점 시대에는 지금까지의 인간 진화과정으로는 도무지 상상할 수 없는 세계가 펼쳐진다. 진화의 다음 단계는 자연법칙을 따르는 것이 아니라, 인간이 스스로 진화하는 것이다. 인간은 기계로 진화하고, 기계를 인간으로 진화시킨다. 이를 통해 인간은 자연의 생명주기를 거부하고 영원히 살게 된다.

내가 나인 이유는 지나온 기억 때문이며, 기억은 뇌에 저장되어 있다. 그런데 『유엔미래보고서』에 따르면 수년 내에 뇌과학은 뇌를 살아 있는 상태에서 비싸지 않은 가격으로 영구히 보존하는 화학적 두뇌 보존기술을 갖추게 된다. 그리고 오늘날 컴퓨터가 하드 드라이브를 읽는 것처럼, 2045년경에는 화학적으로 보존된 두뇌의 기억을 읽을 수 있게 된다. 그리고 두뇌 속 기억은 인공 뇌에 옮겨져 새로운 기계 신체를 얻는다. 기계 신체는 오늘날에도 인공심장, 인공기관과 인공관절 등으로 많이 사용되고 있다. 하지만 인간의 정신을 보존하는 기술은 전혀 다른 의미를 갖고 있다. 내가 나임을 자각하는 기억이 살아 있는 한 인간은 영원히 살 수 있기 때문이다. 영원히 살게 되었다고 초인이 되는 것은 아니다. 인간은 힘의지를 제대로 사용해 낙타에서 사자가 되었을 뿐이다. 밧줄을 건너 초인이 되기 위해서는 상상력이 더 필요하다. 미래학자 레이 커즈와일(Ray Kurzweil, 1948~)은 『특이점이 온다』라는 책에서 100여 년 뒤에 인간의 정신이 분자보다 작은 나노로봇에 옮겨질 것이라고 예측했다. 이후 시간이 더 흘러 양자 크기의 로봇에 인간의 정신을 담는다면 드디어 인간은 누구나 초인이 되고 신이 된다. 빛보다 빠르므로 더 이상 시공간의 구애를 받지 않고, 과거·현재·미래를 뛰어넘어 우주 전체를 여행할 수 있으니 말이다. 이것이 완전한 자유를 누리는 미래 인간의 모습이다. 그리고 이러한 미래 인간으로의 출발은 바로 지금이다.

만약 양자 크기의 로봇에 정신을 담은 먼 미래의 인간이 지금 우리 주위를 시간여행 한다면, 우리가 게임 속 캐릭터를 조종하듯 현재의 나를 조종하고 있을지 모른다. 예상 못한 어느 순간 번쩍 하고 떠오르는 생각처럼 말이다. 하지만 현실 속의 나는 단순한 아바타가 아니다. 미래에서 온 내가 생물학적으로 진화한 지금의 나를 선택한 것일 수도 있으니 말이다. 영원회귀인 것이다. 이렇게 보면 니체는 고전문헌학자이면서 한편으론 미래학자이다. 고전 속에서 미래를 보는 통찰력을 얻은 것이다. 혹은 미래에서 온 시간여행자였을 수도 있다.

초인이 되는 길은 때로 외로울 수 있다. 니체 역시 마찬가지였다. 평생을 외롭게 지낸 니체를 보면 신의 뜻에 순응하는 삶이 편한 삶이라고 생각할 수 있다. 하지만 니체는 거짓으로 편하게 살기보다는 자신에게 충실한 참된 삶을 하루라도 더 살고 싶어 했다. 그런 점에서 니체는 가장 인간적인 철학자이기도 했다. "어떻게 하면 자기 자신에게 가장 충실한 삶을 살 수 있을까?" 하는 질문이 니체의 가장 큰 관심사였다.

니체를 배움으로써 우리는 우리 외부에 있는 지식을 얻는 것이 아니라, 내면에 있는 우리 자신을 발견하게 된다. "나는 누구이고, 내가 정말로 원하는 것은 무엇일까?"와 같은 질문에 대한 대답은 바로 우리 안에 있다. 이 질문에 대답할 수 있다면 여러분 역시 초인이 될 수 있다. 초인의 가장 위대한 창조물은 그 자신이기 때문이다.

지식 가운데 가장 어려운 지식은 자기 자신에 대한 지식이라고 니체는 말했다. 그는 나 자신이 되는 것에 대해 질문하고, 답을 찾도록 도와준 철학자였다. 하지만 진정한 자기 자신이 되기 위해서는 자신의 가르침도 기꺼이 거스를 수 있어야 한다고 그는 말했다. 이는 마치 죽음을 앞둔 부처가 제자들에게 했던 이야기와도 같다. 혹시 같은 사람이 부처에서 니체로 시간여행을 한 것은 아닐까?

제자들이여, 이제 나 홀로 나의 길을 가련다. 너희들도 이제 한 사람 한 사람 제 갈 길을 가도록 하라! 내가 바라는 것은 바로 그것이다. 진정 너희들에게 권하노니 나를 떠나라. 그리고 이 차라투스트라에 맞서 너희 자신을 지켜라! 더 바람직한 일은 이 차라투스트라의 존재를 수치로 여기는 일이다! 내가 너희들을 속였을지 모르지 않는가?

— 니체 『차라투스트라는 이렇게 말했다』 중에서